KB190575

코로나 시대
청소년 신앙 리포트

코로나 시대 청소년 신앙 리포트

초판 1쇄 인쇄 2021년 1월 13일
초판 1쇄 발행 2021년 1월 20일

지은이 이현철 문화랑 이원석 안성복
펴낸이 유동휘
펴낸곳 SFC출판부
등록 제104-95-65000
주소 (06593) 서울특별시 서초구 고무래로 10-5 2층 SFC출판부
Tel (02)596-8493
Fax 0505-300-5437
홈페이지 www.sfcbooks.com
이메일 sfcbooks@sfcbooks.com
기획 · 편집 편집부
디자인편집 최건호
ISBN 979-11-87942-49-8 (03230)
값 18,000원

잘못 만들어진 책은 언제든지 교환해 드립니다.

* 본 저서는 학생신앙운동(SFC), 전국장로회연합회(고신), 포도원교회(고신)의 지원으로 수행되었음.

코로나시대 청소년신앙 리·포·트

이현철　　　문화랑　　　이원석　　　안성복

SFC

목차

코로나시대
청소년신앙
리·포·트

3부. 데이터 분석하기

추천의 글

『코로나시대 청소년 신앙 리포트』는 코로나 시대에 청소년들이 어떠한 상황에 놓여 있고 무엇을 고민하며 지내는지를 냉철하게 분석하며, 그것을 바라보는 교회와 사역자들이 이들을 어떻게 도와야 하는지를 적실하게 제안하고 있다. 이 책은 굳건한 개혁신학에 기초해 있으면서도 실증적인 데이터 분석에 근거하여 냉철하게 분석한다는 점에서도 큰 신뢰를 준다. 팬데믹 상황에서 교회교육과 청소년사역에 대해 고민을 깊게 하는 사역자들과 목회자들에게 이 책을 적극적으로 추천한다.

_신원하(고려신학대학원 원장)

위기危機라는 말은 두 가지 의미를 포함하는 단어이다. 하나는 위험危險이라는 단어이고, 다른 하나는 기회機會라는 단어이다. 한국사회와 한국교회가 코로나라는 위기에 직면해 있는 지금, 이것이 위험이 아니라 기회가 되기를 원한다면 문제의 원인을 정확하게 분석하는 작업이 중요하다. 이런 점에서 『코로나시대 청소년 신앙 리포트』는 청소년의 개인, 학교, 신앙생활에 관해 정확하게 분석할 뿐만 아니라 이를 통해 필요한 대안을 제시한다. 그런 의미에서 이 리포트는 청소년 사역자뿐만 아니라 담임목회자와 부모도 반드시 살펴보아야 할 귀한 자료라고 생각한다.

_이기룡(고신총회교육원 원장)

변하지 않는 신앙의 본질을 변화하는 세상 속에 적용하기 위해서는 현실에 대한 냉철한 분석과 대응이 필요하다. 이 책은 코로나19라는 감염병 확산으로 인한 청소년 신앙교육의 위기를 직시하고 그에 맞는 분석을 통해 적실성 있는 대안을 제시하고 있다. 이 책은 코로나19와 개인생활, 학교생활, 신앙생활의 변화와 위기를 데이터에 기초하여 보여주고 있을 뿐 아니라 데이터를 기반으로 한 맞춤형 해결책을 제시하고 있다. 이 책의 강점은 현실의 문제에 대해 허공에 떠다니는 해결책을 잡으려 하지 않고 현실적이고 실제적인 해결책을 잡도록 도와준다는 데 있다. 이 책을 통해 한국교회 청소년부가 더욱 건강하게 성장하기를 기대해 본다.

_**함영주**(총신대학교 기독교교육학과 교수)

청소년기는 정체성의 위기를 경험하는 시기인데 코로나바이러스라는 환경적 위기가 동시에 그들을 덮쳤다. 교육의 목적이 학습자의 성장과 변화라면 교사는 성장과 변화의 의미뿐만 아니라 학습자에 대해서도 알아야 한다. 한국교회가 청소년을 한국교회의 미래세대라고 칭하면서도 정작 기독 청소년 및 청소년 사역과 관련해 연구가 부족했던 것이 늘 아쉬웠다. 이런 맥락에서 『코로나시대 청소년 신앙 리포트』는 코로나 위기를 경험하고 있는 기독 청소년들의 신앙 인식 및 그들의 삶의 자리를 사회과학적 방법을 통해 분석할 뿐만 아니라 기독교교육적 원리를 찾아내려 한다는 측면에서 기독 청소년의 발달과 성장에 관심이 많은 연구자, 사역자, 학부모들에게 필독서가 되리라 확신한다.

_**신승범**(서울신학대학교 기독교교육학과 교수)

한 자리를 무던히 지킨다는 것은 분명한 소명 없이는 불가능한 일이다. 이 책은 보고서의 형식으로 담아낸 다음 세대 사역에 대한 소명 이야기이다. 청소년 사역자들의 순종과 헌신을 알기에 더욱 가슴 저리게 그 감동이 다가온다. 또한 현실의 아픈 이야기 너머에 있는 소망을 읽을 수 있어서 매우 행복하다. 이 책을 통해 그 행복을 많은 이들과 함께 나누고 싶다. 소망은 소명의 자리에 흩뿌려진다. 그리고 우리는 그 열매를 반드시 만나게 된다.

_**강은도**(더푸른교회 목사)

한 번도 경험하지 못한 코로나 시대를 통과하며 답답하지 않은 사역자와 교회가 어디 있을까? 그래서 나름 '대안'이라고 외치는 여러 글과 목소리들에 모든 이목을 집중했었다. 하지만 지극히 사변적이고 이론적인 내용들을 접하면서 현장 사역자로서의 갈증은 오히려 켜져만 갔던 게 사실이다. 그러나 그런 가운데서 출간된 『코로나시대 청소년 신앙 리포트』는 다음세대를 사랑하는 사역자들과 교회들에게 해갈의 기쁨을 선물할 뿐만 아니라 앞으로의 사역을 어떻게 준비해야 할지에 대한 희망까지 제공한다. 이 책이 다음세대 사역에 대한 회의적인 물음표가 아닌 다시 가슴을 뛰게 하는 느낌표로 쓰임 받게 되길 기대한다.

_**김보성**(울산신정교회 목사)

서문

코로나19의 팬데믹pandemic 상황은 한국교회와 신앙교육 전반에 위기감을 불러 일으켰다. 한 번도 경험해보지 못한 팬데믹의 상황으로 한국교회는 사역의 모든 영역이 흔들렸으며, 신앙교육의 모습도 바뀌었다. 예배의 상황과 모습이 달라졌으며, 교회교육 내 분반공부의 모습과 활동의 방식도 달라졌다. 교회교육을 담당하는 교역자와 교사들에게 요구되는 역할도 변화되었거나 사라지게 되었다. 코로나19가 기존 교회와 신앙교육 현장의 모습을 확연하게 바꾸어 버린 것이다.

그럼에도 불구하고 교회의 현장은 코로나의 위기 속에서도 다음세대를 향한 신앙적 활동을 놓지 않고 있다. 오히려 더욱 힘써 다음세대를 세우고자 하는 노력을 기울이고 있다고 표현하는 것이 더 정확할 것이다. 눈물겨운 사투死鬪를 벌이고 있는 것이다. 그 사역을 감당하는 모든 이들에게 하나님의 은혜와 위로가 가득하길 기도한다.

내가 한 가지 확실하게 고백할 수 있는 것은 신앙의 다음세대는 삼위하나님의 은혜 가운데서 흔들림 없이 세워질 것이고, 지속적으로 이어질 것이라는 사실이다. 코로나시대 그리고 그것보다 더한 무언가가 닥칠지라도 성령의 강력한 역사 속에서 앞으로도 다음세대를 향한 교회의 사역은 계속될 것이며,

교회교육 현장이 직면하는 모든 난제難題들도 놀라운 하나님의 은혜로 극복될 것이다.

실제로 교회의 역사는 고난과 핍박의 역사였다. 교회의 역사 속에서 항상 위기는 존재하였으며, 그때마다 우리의 이성과 계획을 뛰어넘는 성령의 인도와 은혜가 넘쳐났다. 그렇기에 오히려 우리가 직면하고 있는 코로나19의 위기 속에서도 삼위하나님의 인도하심과 은혜를 굳건하게 바라보게 되는 것이다.

나는 삼위하나님의 인도하심과 은혜를 바라보며 내가 할 수 있는 일들과 연구를 수행하기로 마음을 먹었다. 한국교회와 다음세대를 바라보며 그저 가만히 있을 수만은 없어서 작은 몸부림이라도 치기로 하였다. 그 몸부림은 주 안에서 형제 된 문화랑 교수님, 이원석 박사님, 안성복 목사님과 함께하였기에 가능할 수 있었다. 이들은 '한국교회와 다음세대'라는 한마디에 기꺼운 마음으로 이 큰 작업의 수고를 감당해주었다. 문화랑 교수님의 철저한 개혁신앙과 탁월한 현장성에 기초한 접근은 이번 작업에 안정감을 더해주었다. 앞으로 문화랑 교수님의 학술활동을 통해 발전할 실천신학의 영역이 기대된다. 이원석 박사님은 그동안 수행해 온 다양한 정부와 지자체의 통계분석 노하우를 한국교회를 위해 쏟아부어 주었다. 방대한 데이터 분석과정은 성실함이 없으면 불가능한 일인데 그것을 잘 감당해주었다. 이제는 내가 더 전수해줄 연구방법도, 가르쳐줄 통계방법론도 없는 것 같다. 안성복 목사님은 SFC 특유의 추진력으로 방대한 전국단위 설문조사를 성공적으로 수행해주었다. 신실한 목사요 귀한 다섯 아이의 아버지인 그는 훗날 자신이 수행한 작업이 한국교회를 위해 얼마나 귀한 일이었는지를 그의 아이들에게 자랑스럽게 이야기할 수 있을 것이다.

또한 이 모든 작업은 학생신앙운동SFC의 지원과 지지 속에서 이루어질 수 있었다. 학생신앙운동의 허태영 목사님대표간사은 우리의 고민에 반응을 해주었으며, 「코로나19에 따른 한국교회 청소년 사역방안 기초조사」를 수행할 수 있도록 전폭적으로 힘을 실어주었다. 이번 작업은 SFC가 수행한 역사상 첫 번째의 연구 프로젝트였다. 이 작업이 좋은 선례가 되어 연구작업들이 지속적으로 이어지고, SFC 내 R&D그룹이 구축되길 기대한다. 한편 SFC 모든 간사님들의 연구협력은 연구진행 전 과정에서 빠질 수 없는 요소였다. 특별히 SFC 백경태, 박건규, 손지혜, 허주은 간사님들의 수고는 이루 말할 수 없이 컸다. 간사님들께서 설문조사를 위한 SNS 활동과 동영상을 제작 및 배포하였고, 설문의 기초자료를 정리해주었다. 그중 특히나 간사님들의 현장성 짙은 피드백이 없었더라면 이번 작업의 결과는 세상의 빛을 보지 못했을 것이다. 더불어 전국장로회연합회회장 전우수 장로님와 부산 포도원교회김문훈 목사님는 실제적으로 이번 작업이 수행될 수 있는 연구비를 후원해주었다. 다음세대를 세우는 일에 중요성을 인식하시고, 전폭적으로 지지해주시는 귀한 신앙의 선배님들이 있어 후배들은 그저 감사할 따름이다.

부디 이번 작업이 코로나시대 가운데 어떻게 청소년들을 사역해야 할지 답답해하는 모든 사역자들에게 유익한 방향타가 되길 소망한다. 삼위 하나님의 은총이 이 땅의 모든 교회와 우리의 다음세대들에게 가득하길 기도한다.

Soli Deo Gloria.

2021년 1월
연구자 일동

이 책의 특징과 분석결과 해석 방법

(1) 책의 특징

이 책의 특징은 한국교회와 청소년 사역자들에게 몇 가지 주요한 메시지를 던져주는 것으로, 이를 정리하면 다음과 같다.

1) 한국교회 최초로 코로나19와 관련해 전국단위의 기독청소년 인식 조사가 수행되었다는 것이다. 코로나19에 따른 다양한 수준의 데이터와 자료들이 쏟아지고 있지만, 유독 한국교회는 다음세대인 청소년에 대한 분석과 자료를 구성하지 못하고 있다. 아마도 코로나19에 따른 변동과 어려움이 워낙 컸기 때문에 청소년들의 상황을 살피고 분석하고자 하는 여유가 없었기 때문일 것이다. 따라서 이번 조사를 통하여 한국교회는 코로나시대를 살아가고 있는 기독청소년들의 인식과 삶의 모습이 어떠한가를, 또한 다음세대가 무엇으로 고민하고 있는가를 파악할 수 있을 것이다.

2) 데이터를 기반으로 한 맞춤형 청소년 사역의 가능성을 제시했다는 것이다. 코로나시대의 사역 방안은 기존의 내용과는 달라야 한다. 하지만 막상 교회현장의 사역자들은 무엇을 어떻게 해야 할지 몰라 답답해하고 있는 것이 사

실이다. 그들은 팬데믹을 경험해본 적도 없을 뿐더러, 그러한 환경에서 사역 자체를 해본 적이 없기 때문이다. 따라서 이번 작업은 사역의 방향성을 고민하고 있는 현장 사역자들에게 '데이터 기반의 맞춤형 청소년 사역'의 가능성을 제시하였다는 점에서 의의가 크다. 이번 작업에서는 천편일률적인 사역 방안을 제시하지 않고, 성별, 교회 규모별, 지역별 등 다양한 특성을 고려하여 맞춤형 결과들을 세부적으로 제시하고 있기 때문에 사역자들이 자신의 상황과 맥락을 고려하면서 청소년 관련 사역전략을 구성해볼 수 있는 기초자료가 될 것이다.

3) 학계와 현장사역자가 연합하여 구성한 실천적인 결과물이었다는 것이다. 그동안 실천신학계의 연구물들은 학계차원에서만 다루어져 현장성이 부족하였던 것이 사실이다. 실천신학의 영역임에도 불구하고 말이다! 그에 반해 이번 작업은 '연구의 설계, 진행과정, 분석과정, 결과도출'에 이르기까지 연구의 전 과정을 연구자들과 현장사역자들이 함께 고민하면서 실천성과 현장성을 최우선의 가치로 삼고자 노력하였다. 신학이 참으로 삶과 사역과 연결된 실천성을 가질 수 있도록 집중하였으며, "참된 신학은 이론적이거나 사변적인 것이 아니라, 활동적이고 실천적이어야 한다."라는 '슈트라스부르크의 유명한 종교개혁자'의 말을 담아 내보고자 노력하였다.

(2) 분석결과 해석 방법

전술한 이 책의 특징을 한국교회와 청소년 사역자들이 좀 더 효과적으로 활용하기 위해서는 이 책에서 제시하고 있는 데이터 분석의 결과들을 잘 살펴보고 이해하는 것이 중요하다. 우리는 가능한 다양한 자료들을 통계적으로 의미있게 제시하기 위하여 단순한 빈도와 백분율을 중심으로 한 기술통계 뿐만 아니라 다양한 집단 간의 차이 분석과 요구도 분석 등의 결과까지 제시하였기에 어떤 항목에 있어서는 일반 사역자들이 해석하기에 다소 난해한 부분이 있을 수 있다. 그러므로 아래의 사항을 참고하여 자료를 해석하는 데 도움을 얻기 바란다.

1) 데이터 결과 해석 팁 하나

데이터 결과 해석에 있어 [부록: 설문지]에 있는 설문문항과 각 문항의 점수 구성을 확인하는 것이 해석과 이해에 도움을 줄 수 있다. 본문에서 제시된 분석표와 그림들을 통해서 직관적으로 이해될 수 있는 자료들도 있지만, 어떤 항목들은 [부록: 설문지]에 제시된 문항을 살펴볼 때 더욱 효과적으로 이해될 수 있다. 그리고 이 과정에서 각 문항의 점수 구성을 확인하면서 살펴보는 것이 좋다.

항목	매우 그렇다	그렇다	보통 이다	그렇지 않다	전혀 그렇지 않다
1) 기도하는 시간이 늘어났다.	⑤	④	③	②	①
2) 성경읽는 시간이 늘어났다.	⑤	④	③	②	①
3) 기독교 서적 읽기가 늘어났다.	⑤	④	③	②	①
4) 친구나 가족과 신앙과 관련된 이야기가 늘어났다.	⑤	④	③	②	①

예를 들어, 위의 표처럼 코로나19로 인해 신앙적으로 어떤 변화가 있었는가에 대한 분석에서 '기도하는 시간이 늘어났다'라는 문항은 5점 척도이다. 즉, 1: 전혀 그렇지 않다, 2: 그렇지 않다, 3: 보통이다, 4: 그렇다, 5: 매우 그렇다로 구성된다. 그러므로 해당 점수대를 고려하여 전반적인 인식을 파악하는

것이 중요하다. 한편, 3점 척도의 문항도 있다. 예를 들어 '온라인 종교활동 증가에 대한 변화를 어떻게 생각하십니까?'의 문항은 3점 척도로 1: 부정적인 변화이다, 2: 잘 모르겠다, 3: 긍정적인 변화이다로 구성된다.

2) 데이터 결과 해석 팁 둘

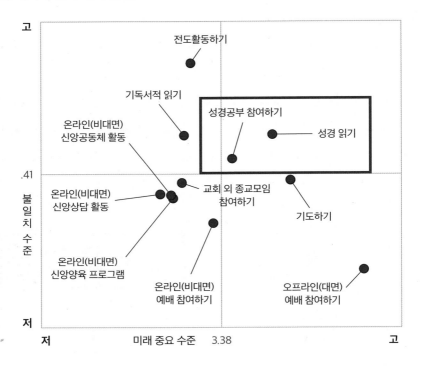

위의 그림처럼 청소년 신앙생활을 The Locus for Focus 모델을 활용하여 우선순위를 분석한 자료는 그림만 보면 되기 때문에 이해하기가 더 쉽다. 위의 그림은 코로나 시대 청소년들이 인식하고 있는 신앙생활의 '미래 중요 수준'과 '불일치 수준'으로 교차 분석한 것이다.

먼저 제1사분면고고은 바람직한 수준의 평균과 불일치 수준의 평균이 모두 높은 분면으로서 최우선적인 요구로 분류되는 영역이고, 제2사분면저고은 바람직한 수준은 낮지만 불일치 수준은 높은 분면이고, 제4사분면고저은 바람직한 수준의 평균은 높지만 불일치 수준이 낮은 분면으로서 차순위 요구군 영역이고, 마지막 제3사분면저은 바람직한 수준도 낮고 불일치 수준도 낮은 분면으로서 우선적으로 고려되어야 할 요구로 보기 어려운 영역으로 보면 된다.

위의 분석 결과를 보면 제1사분면에 포함되는 신앙생활은 성경 읽기와 성경공부 참여하기였고, 제2사분면에는 전도활동하기, 기독서적 읽기였으며, 제3사분면에는 교회 외 종교모임 참여하기, 온라인비대면 신앙상담활동, 온라인비대면 신앙공동체활동, 온라인비대면 신앙양육프로그램, 온라인비대면 예배 참여하기였고, 제4사분면에 포함되는 신앙활동은 기도하기와 오프라인대면 예배 참여하기로 나타났다.

3) 데이터 결과 해석 팁 셋

단위: 점(5점 척도)

구분		평균	표준편차	t
감염 위험성 때문에 교회 가기가 부담스럽다	남자	② 2.40	1.147	① -2.752**
	여자	2.55	1.123	
주일날 교회 친구들끼리 교회 밖에서 자유롭게 교제할 수 있어 더 좋다	남자	2.72	1.058	1.869
	여자	2.63	.955	

**p<.001

위의 분석은 '집단 간 차이분석'으로서 대학원 수준에서의 전문적인 통계 분석 및 해석과 관련된 학습이 이루어졌을 때 이해가 가능하다. 하지만 독자들의 해당 표의 해석과 이해를 위하여 약식으로 표 해석을 위한 기본 사항만을 소개하고자 하며, 이는 일반독자들을 위하여 어렵지 않게 다가가기 위함이다. 위의 표를 살펴볼 때 가장 먼저 확인해야 할 것은 '**'(①)이다. '**'는 통계적으로 유의미한 차이가 있는가 혹은 없는가를 확인시켜주는 표시이다. 일단 '**'가 있다면 유의미한 차이가 있다는 것이다. 예를 들어, 위의 표에서 '감염 위험성 때문에 교회 가기가 부담스럽다'라는 질문에 대하여 남학생과 여학생은 통계적으로 유의미한 차이(①)가 나타나고 있다. 즉, 남학생 2.40점, 여학생 2.55점으로 평균은 매우 근소한 차이가 나고 있지만, 그 차이는 통계적으로 의미있는 차이(②)로서 여학생들이 '감염 위험성 때문에 교회 가기가 부담스럽다'에 더 높은 인식을 가지고 있다는 것을 의미한다. 다만 문항이 전체적으로 5점 척도라는 맥락에서 평균이 2점대의 인식 수준임을 고려해야 한다.

한편, '주일날 교회 친구들끼리 교회 밖에서 자유롭게 교제할 수 있어 더 좋다'라는 질문에 대해서는 남학생과 여학생이 통계적으로 차이가 없음을 확인할 수 있다. 즉, '주일날 교회 친구들끼리 교회 밖에서 자유롭게 교제할 수 있어 더 좋다'라는 질문에는 통계적으로 차이가 없기 때문에 비록 평균에서 차이가 있더라도 남학생과 여학생의 인식이 유사함을 의미한다.

코로나시대
청소년신앙
리·포·트

1부

문제 인식하기

(1) 신앙교육의 위기

사사기를 묵상하면 참 가슴이 아프다. 왜냐하면 아름다운 믿음의 유산과 정통성을 잃어버린 세대의 비참함을 보기 때문이다.

"그 후에 일어난 다른 세대는 여호와를 알지 못하며 여호와께서 이스라엘을 위하여 행하신 일도 알지 못하였더라"삿2:10

위의 10절에서 보여주는 이스라엘의 상황은 매우 심각한 상황이다. 이는 단순하게 세대가 변하였다는 의미를 넘어 하나님과의 '언약적 영속성' 속에서 신실하게 살아가야 할 하나님의 백성들이 사라졌다는 의미이기 때문이다.[1] 이렇게 '다른 세대'가 등장한 원인은 무엇인가? 그것은 무엇보다 그들의 신앙교육의 실패에서 찾을 수 있다. 그들은 자신들의 목숨보다 소중히 이어가야 할 신앙의 정통성을 중요하지 않게 여겼으며, 그것을 다음세대에게 강조하지 않았던 것이다. 결국 그들의 다음세대는 신앙의 '참된 세대'가 아니라 '다른 세대'로 변질되어 버렸다. 얼마나 안타까운 일인가!

이는 비단 구약의 이스라엘 백성에게서만 나타났던 현상이 아니다. 오늘날 한국교회에서도 믿음의 유산을 저버리고 세상을 좇아간 많은 세대를 볼 수 있다. 뿐만 아니라 그러한 불신앙적인 모습을 보면서도 아무것도 하지 못하는 우리와 교회의 안타까운 상황도 잘 알고 있다. 그렇기 때문에 우리 역시 신앙의 참된 세대를 키워내는 것에 실패하고 있는 것은 아닌지 두렵고 떨리는 마음으로 고민하고 있다. 더욱이 2020년에는 코로나19 팬데믹pandemic이라는 상황이 신앙교육 전반에 위기감을 일으켰다. 한 번도 경험해보지 못한 팬데믹

---

1. 이현철, 『교회학교 교사, 어떻게 가르칠 것인가?』 (생명의 양식, 2018), 22~23.

상황은 신앙교육과 관련된 교회의 사역 자체를 흔들어 놓았다. 그러한 위기 속에서 우리는 지금 살아가고 있으며, 또한 사역을 감당하고 있다.

(2) 교회, 코로나 시대를 마주하다

올해 초 발생하여 전 세계를 휩쓸고 있는 코로나19 바이러스는 우리의 평범한 일상에 큰 변화를 일으키고 있다. 사람은 상호간의 교제communion를 통해 인간됨을 확인받는 존재이다.[2] 즉, 타인과의 교류 없이는 살 수 없는 존재로 지음 받았다. 그러나 코로나19 바이러스의 무시무시한 전염력은 전 사회를 비대면·비접촉의 상황으로 몰아가고 있다.

세상 속에 위치한 교회들도 예외는 아니다. 교회는 사회적 책임과 이웃 사랑의 사명을 감당하기 위해 사회적 거리두기를 비롯한 정부의 여러 방침에 적극적으로 협조하고 있다. 그래서 어쩔 수 없는 상황 속에서 온라인 예배, 가정 예배 등과 같은 대안적 예배를 모색하기도 한다. 이것은 교회에서 드리는 예배의 정신이 사회 속에서 윤리적 차원으로 연결되기 위한 교회 나름의 적극적인 노력이기도 했다.[3]

코로나 사태로 말미암아 교회의 공적 예배와 모임은 1년 동안 위축되어 왔고, 교회는 출석 인원의 감소뿐만 아니라 재정악화의 이중고를 겪고 있다. 그런데 이것보다 훨씬 중요한 문제가 발생하고 있다. 그것은 바로 '주일성수'와 '공예배 참여'에 대한 성도들의 인식 변화이다. 최근 목회데이터 연구소에서 실시한 설문 조사에 따르면, '주일에 꼭 예배에 참여하지 않아도 된다고 생각한다' 혹은 '주일성수 개념에 변화가 생겼다'라고 대답한 성도들이 대폭 늘어

---

2. John Zizioulas, *Being as Communion* (New York: St. Vladimir's Seminary Press, 2004), 18.
3. 문화랑, 「하나님이 흔드신 예배, 하나님 중심으로 돌아가자」, 『목회와 신학』 제372권 (두란노서원, 2020): 47.

난 것으로 보고되고 있다.[4] 코로나 이전에도 한국교회의 쇠퇴가 점진적으로 진행되고 있었는데, 코로나19 사태가 이 속도를 10년 이상 앞당긴 것 같다고 평가하는 입장들이 등장하고 있다.[5]

코로나 사태로 인해 각 교회는 그동안 성도들의 신앙 기본기와 기초체력을 얼마나 길렀는지 평가받게 되었다. 또한 마치 불로 태웠을 때 그 재료의 공력이 나타나듯이고전3:13, 우리의 과거의 노력과 현재의 상황을 진지하게 돌아보게 되었다.[6]

이런 상황 속에서 제일 염려가 되는 것은 '현존하는 미래'라고 불리는 교회 교육부서의 상황일 것이다. 코로나 사태 이전에도 주일학교 출석률은 급감하고 있었고, 그중에서도 중·고등부의 상황은 그야말로 악화일로를 걷고 있었다. 2015년 한국대학생선교회ccc에서 발표한 통계에 따르면, 중·고등부 신자의 비율은 해당 연령의 전체 인구 가운데서 3.8%인 것으로 나타났다. 즉, 중·고등학생 100명 가운데 교회를 다니는 학생이 4명이 채 되지 않는다는 것이다.[7] 선교학적 관점에서 보았을 때, 선교지로 보아도 무방할 만큼 처참한 수준이 아닐 수 없다. 실제로도 교회마다 중·고등학생을 보기가 어렵다. 별다른 변화 없이 이런 상황이 앞으로도 지속된다면, 10년도 지나지 않아 한국교회는 큰 위기를 맞게 될 것이다.

과연 한국교회는 살아남을 수 있을까? 부모세대의 신앙을 다음세대에게 전수할 수 있을까? 교회의 중·고등부는 살아남을 수 있을 것인가? 너무 늦은

---

4. 목회데이터 연구소, 「코로나19로 인한 한국 교회 영향도 조사 결과 발표」, 『넘버즈』 42호. http://www.mhdata.or.kr/bbs/board.php?bo_table=koreadata&wr_id=93
5. 문화랑, 『교회교육 지도 그리기』 (서울: 생명의 말씀사[근간], 2021).
6. 문화랑, 「하나님 중심적인 예배를 회복하라」, 『회복하는 교회 우리가 다시 모일 때』 (생명의 말씀사, 2020), 15~20.
7. 박봉수, 「다른 세대가 일어나는가?」. http://www.pckworld.com/news/articleView. html?idxno=73105.

것은 아닐까? 지금 우리는 진지하게 미래의 생존을 고민할 수밖에 없는 상황에 처하게 되었다. 게다가 지금은 코로나 사태의 상황 속에서 우리가 원하든 원치 않든, 4차 산업혁명이 진행되고 있다. 국제경제기구 다보스 포럼에서는 우리나라를 4차 산업의 시범국가로 선정하였는데, 이것은 산업의 여러 분야뿐 아니라 공교육에도 큰 영향을 미치고 있다. 인공지능Artificial Intelligence의 등장과 온라인 교육의 확대, 교육 플랫폼의 변화는 결국 교회교육 영역에도 변화를 요청하게 될 것이다. 이런 시대적 상황과 문화 속에서 자라고 있는 학생들을 교회는 어떻게 양육해야 할 것인가?

(3) 기본적인 상황: 중·고등부의 쇠퇴

중·고등부의 쇠퇴는 사실 어제오늘 일이 아니다. 통계에 따르면, 1996년 이후부터 교회학교는 지속적으로 쇠퇴해왔고, 그중에서도 중·고등부의 감소는 눈에 띄게 두드러진다.[8] 앞에서도 말했듯이 2015년 한국대학생선교회가 발표한 통계에 따르면, 국내 중·고등학생 가운데 신자 비율은 3.8%에 지나지 않았다. 그런데 그 이후로 5년이 지났으니 현재의 상황은 그때보다 더 힘들다고 볼 수 있다. 4%가 채 되지 않는 비율은 이제 중·고등부 학생들을 선교의 대상으로 보아야 한다는 결론을 내리게 한다.

꼭 통계를 의존하지 않더라도 이 글을 읽는 독자들은 경험적으로도 현재의 위기를 절실히 체험하고 있을 것이다. 교회마다 중·고등학생을 보기가 쉽지 않기 때문이다. 저출산으로 말미암아 사회적으로 학생 인구가 절대적으로 줄은 데다가, 그것보다 더 빠른 속도로 교회 안 청소년들의 숫자가 급감하고 있기 때문이다. 이유가 무엇일까?

---

8. 박상진, 『교회교육 현장론』 (장로회신학대학교, 2008), 362.

각 교회는 연말이 되면 교육 과정을 마친 학생들을 상급부서로 올려주는 진급식을 거행한다. 예를 들면, 유치부에서 유년부로, 유년부에서 초등부로, 초등부에서 중등부로, 중등부에서 고등부로, 고등부에서 대학부로 학생들을 진급시키는 것이다. 그런데 주목할 점은 초등부를 마치고 중등부로 올라갈 때, 상당수의 인원이 교회를 떠나는 경우가 빈번하다는 것이다.[9] 즉, 초등부를 졸업한 학생들을 중등부로 진급시켰지만, 그들 중 상당수가 중등부에 적응하지 못하고 점차 교회로부터 멀어지게 된다는 것이다. 그리고 유·초등부에서는 불신자의 자녀들도 꽤 볼 수 있지만, 중등부, 고등부, 대학·청년부로 올라갈수록 신자의 자녀들만 교회에 남는 경우가 많다. 왜 중·고등부 사역이 이토록 힘든 것일까? 그리고 중·고등부가 쇠퇴하는 이유가 무엇일까? 그 이유들을 몇 가지로 살펴보면 다음과 같다.

1) 입시제도에 짓눌린 우선순위

과거 학력고사 시대와 현재의 입시제도를 비교하자면, "개천에서 용 나기"가 어려워졌다고 평가할 수 있다. 초등학교 때부터 학업성취도가 궤도에 오르지 않으면, 중학교, 고등학교 과정을 제대로 따라갈 수 없는 데다가, 어떤 중학교, 고등학교에 진학하느냐에 따라 대학진학이 결정되는 무한경쟁의 시대가 되어 버렸기 때문이다. 그래서 부모들은 어쩔 수 없이 조기교육에 열정을 쏟게 된다. 심지어 가정경제가 휘청할 정도로 자녀의 사교육에 투자한다. 이런 모습을 보고 있자면, 과연 전 세계에서 한국만큼 입시가 치열한 곳이 있을까

---

9. 이에 못지않게 고등부에서 대학부로 진학할 때도, 타지역으로 진학하거나 취업을 하는 학생들이 많기 때문에 인원수가 급감하는 경우들이 많다. 그럴 경우 그들은 부모의 영향권을 벗어나게 되어 더 이상 교회에 출석하지 않는다. 그러므로 고등학교를 졸업하는 학생이 타지역으로 진학할 때는 담당교역자가 책임감을 가지고 진학할 지역에 있는 교단 교회와 잘 연결시켜 주어야 한다.

하는 생각이 들 정도이다.[10]

북미에서는 일반적인 미국인에 비해 자녀교육에 과도한 정성을 쏟는 중국인들을 가리켜서 타이거 맘Tiger Mom이라 부르며, 그들의 과도한 자녀교육을 대서특필하기도 한다.[11] 그런데 한국부모들의 교육열을 보면, 우리나라 부모들이 그들보다 한 수 위가 아닐까 하는 생각이 든다. 어느 대학에 들어가느냐에 따라 자녀들의 직장 선택은 물론 인생의 방향에까지 큰 영향을 미치게 되므로, 부모들은 자신을 희생하면서까지 자녀들에게 교육의 기회를 제공하려는 마음을 가지고 있는 것이다.

이런 시대의 아들이자 딸들인 교회 안의 부모들도 교육에 대한 열정으로 충만하기는 마찬가지이다. 교회에 출석하는 중·고등학생들도 공교육 이외에 많은 사교육을 받으면서 과도한 학업 스트레스를 받고 있다. 실제로 주일에 자녀들이 교회에서 시간을 보내는 것을 아까워하는 신자 부모들이 꽤 있으며, 수련회와 같은 교육부서의 행사가 있음에도 불구하고 자녀들을 학원으로 보내는 경우도 비일비재하다. 2015년도 통계에 따르면, 이런 경우 자녀의 의견을 존중하겠다고 대답한 비율이 장로·권사 학부모의 35%, 집사 학부모의 41%에 달했다.[12] 이렇듯 진로에 대한 과도한 염려 때문에 자녀들은 주일을 온전하게 보내지 못하고 있다. 신자의 가정이 이러할진대, 불신 가정에서 출석하는 학생들은 오죽하겠는가. 그들이 신앙을 유지하기란 더욱 힘들 것이다. 초등학교 때까지는 자녀들이 교회학교에 가는 것을 허락한다 해도, 중학교에 진학하게 되면 자녀들이 집에서 공부하거나 학원에 가기를 원하는 부모들이 많게

10. https://www.dhnews.co.kr/news/articleView.html?idxno=92174
11. https://www.npr.org/2011/01/11/132833376/tiger-mothers-raising-children-the-chinese-way
12. 함영주·신승범·이현철·전병철·조철현, 「한국교회학교 침체 원인과 다음세대를 위한 교회교육의 방향성」, 『교육을 통한 한국교회의 회복』(한국복음주의신학회, 2015), 46.

되는데, 이러한 현실이 오늘날 교회학교 중·고등부가 쇠퇴하는 가장 큰 원인이 아닐까 생각한다. 그리고 이런 배경에는 부모들의 비신앙적인 태도와 우선순위의 문제가 내재되어 있다.

2) 신앙 훈련에 투자할 수 있는 절대적인 시간 부족

위와 같은 현실에서 생각해보면, 중·고등부 학생들이 신앙 훈련을 받을 수 있는 절대적인 시간이 부족할 수밖에 없다. 한 주를 시간으로 환산하면 168시간이다. 그런데 중·고등학생이 한 주간 교회에서 보내는 시간은 길어야 2~3시간이다. 3시간으로 생각한다고 해도 165대 3의 싸움이다. 영화배우 조인성이 주연으로 출연한 <안시성>이라는 영화가 있다. 우리의 중·고등학생을 위한 노력은 고구려의 영토였던 안시성을 지켰던 성주 양만춘이 당나라 태종의 100만 군사를 상대해야 하는 그런 싸움인 것이다. 세상의 상식으로는 이길 수 없는 불가능하고 힘겨운 싸움이다.

설사 믿음의 부모가 자녀들이 교회에 가기를 정말 원한다고 해도 어떨 때는 자녀들이 학업에 대한 부담감이 커서 교회에 가는 시간을 '시간 낭비'로 생각하는 경우도 있다. 그렇지 않더라도 많은 학생들이 설교시간에 뒷자리에 앉아 휴대폰으로 검색하고 있거나 따분해 하면서 딴 짓하고 있는 경우가 비일비재하다.

이뿐만이 아니다. 주일에 실시되는 국가고시, 자격시험, 토플이나 토익 시험 등이 자녀들에게 시험거리가 되기도 하고, 신앙의 결단을 요구하기도 한다. 자신의 앞길이 하나님의 인도하심에 달려있다는 신앙의 심지가 깊지 않을 경우, 어린 학생들의 믿음이 흔들릴 수밖에 없다. 그러므로 무엇보다 인생의 목적이 무엇이며 우선순위가 무엇인지를 학생들에게 바르게 가르쳐야 한다.

3) 초등학교 때와 비교해 급변한 예배와 교회교육

중·고등부 쇠퇴의 원인을 중·고등부의 내외적 환경에만 있다고 할 수 있을까? 유·초등부 시절에 경험한 주일학교 예배와 교회교육, 그리고 가정에서의 신앙교육에는 문제가 없었을까?

요즘 초등학교 고학년은 과거의 초등학생들과는 많이 다르다. 과거에는 사춘기를 중학교 때 경험하는 경우가 많았지만, 최근에는 초등학교 고학년만 되면 이를 겪는 경우가 비일비재하다.[13] 과거의 중학생들이 했던 고민들을 지금은 초등학교 고학년들이 하고 있으며, 일찍부터 논리적인 사고가 발달한 학생들도 많다.

그런데 많은 교회들에서 초등학교 고학년들을 위한 눈높이 교육에 실패하고, 그들을 단지 아동으로만 생각하며 교육하는 경우가 너무 많다. 교회에서 사용하고 있는 초등학교 고학년 공과 교재를 한번 보라. 지금 우리가 무슨 말을 하고 있는지 이해할 수 있을 것이다. 무엇보다 초등학교 때 경험한 주일학교 예배와 중·고등부에서 드리는 예배가 급변하는 것도 학생들에게는 스트레스 요인이 될 수 있다. 초등부의 예배, 설교, 율동, 찬양들이 유소년기에 적합한 것이라면, 중·고등부의 예배는 주일오전 예배에 더 가깝다고 볼 수 있다. 그러므로 중등부에 갓 입학한 학생들이 느끼는 이질감은 어떻게 보면 당연한 것이라 할 수 있다.

이를 극복하기 위해서는 초등학교 때부터 공예배에 참석해보는 경험이 필요하며, 고학년들은 중등부와의 연합예배나 행사 등을 통해 중등부와 친숙해지는 기회를 가져야 한다. 무엇보다 교단의 초등부 고학년 교재의 수준을 조정해야 한다. 또한 교역자들은 학생들의 신앙적 수준을 챙기며 면담함으로써

---

13 https://news.joins.com/article/23459997

그들이 중등부로 잘 연결될 수 있도록 최선의 노력을 다해야 한다.

4) 신앙 발달 단계에 있어서의 특이점

중·고등부 사역이 힘든 이유 중의 하나는 그들의 발달 단계의 특징과 밀접한 연관이 있다. 중·고등부 시절은 '자기 정체성'에 대한 질문이 일어나는 시기이다. 나는 누구인가, 나는 어떤 사람이라고 평가를 받을까, 나는 어떤 사람이 되어야 할까 등과 같은 인생의 중요한 질문이 이들의 마음 깊은 곳에서 울려 퍼지고 있다. 인생의 근본적인 질문 앞에서 청소년들은 좌절하기도 하고, 때로는 일탈을 경험하기도 한다. 뿐만 아니라 중학생이 되면 성인과 흡사한 논리적 사고를 하게 되며, 이 과정에서 신앙에 대한 회의, 당연하게 여겨졌던 성경 이야기에 대한 의문 등을 제기하게 된다. 좋은 교사와 교역자를 통해 이런 문제들을 잘 해결하면 좋겠지만, 그렇지 않을 경우 신앙 문제로 성장통을 경험하게 된다.

무엇보다 청소년들은 또래집단의 영향을 받으며, 어떤 친구들이 주위에 있느냐에 큰 영향을 받는다. 좋은 공동체성이 형성되어 있지 않은 교회나 학생들을 심방하지 않는 부서에 들어간 청소년들은 그 집단을 속히 탈출하고자 하는 생각을 하게 된다. 이 시기의 청소년들은 주변에 존경할 만한 사람이 있는지를 살피며, 신앙의 모델이 될 만한 사람을 찾으려 하는 습성이 있다. 따라서 그런 사람의 부재로 말미암아 신앙적·인격적 감화를 경험하지 못한 청소년들은 방황하기도 하고, 신앙적인 일에 흥미를 급격하게 상실할 가능성이 있다.

(4) 청소년, 그들은 누구인가?

청소년 시기의 자녀를 가진 부모님이라면 아마 이런 이야기를 한 번씩은 들어 보았을 것이다. "왜 북한이 남한으로 쳐들어오지 않는가?" 답은 "중학교

2학년들 때문에"이다. 혈기왕성하고 한창 질풍노도의 시기를 겪는 사춘기 청소년들의 특징을 재미있게 표현한 유머라고 생각한다. 사춘기 자녀를 두지 않은 사람이라면 호탕하게 웃고 넘어갈 수 있는 이야기이지만, 중·고등학생 자녀를 둔 부모들의 마음은 편치만은 않을 것이다.

어린 시절 착하고 순종적이었던 자녀들이 이 시기에 급격한 신체적·정서적 변화를 경험하게 된다. 하루하루가 다르게 성장하는 자신의 모습에 자녀들은 당황해한다. 세계적으로 최고의 교육열을 자랑하는 한국의 독특한 사회 분위기 속에서 청소년들은 새벽부터 밤늦게까지 공부와 씨름하고 있다. 학업에 대한 과도한 압박감, 자유롭지 못하고 다람쥐 쳇바퀴 돌아가듯 흘러가는 일정들, 극심한 경쟁 속에서 느끼는 불안감 등이 청소년들을 옥죄이고 있다.

이러한 상황 속에서 청소년들은 가정에서도 평안함을 느끼지 못하고, 교회에서도 시간을 보내는 것에 굉장한 부담감을 가지게 된다. 한 주간의 피곤한 일상 속에서 주일 하루라도 자신들이 원하는 것을 하며 시간을 보내고 싶은데, 그렇지 못하고 그 시간에 교회에 가서 예배와 기타 활동들에 참여해야 하니 그들에게는 정말이지 큰 결단을 요구하는 셈이 된다. 그러므로 부모와 해당부서의 교역자들은 이 시기의 학생들의 특성을 잘 이해하고 적절히 교육함으로써 진정으로 그들이 부모의 강압이 아니라 자신의 믿음의 고백으로 주일을 보낼 수 있도록 도와야 한다. 이와 관련해 청소년들의 발달과 특징을 구체적으로 살펴보면 다음과 같다.

1) 12세 전후로 겪게 되는 사고 구조의 변화

발달주의적 관점에서 살펴본다면, 학생들의 사고에서 급진적인 변화가 일어나는 시기가 있다. 바로 후기 아동기 혹은 초기 청소년기이다. 개인마다 성장 과정에서 차이가 있기 때문에 정확히 몇 세에 이런 변화가 일어난다고 말할 수는 없다. 그러나 많은 교단에서 스스로의 신앙고백을 통해 입교하는 연령을 14세로 잡고 있다는 것은 그럴만한 깊은 뜻이 있는 것 같다. 존 칼빈이 열살 이후의 자녀들이 입교 후 성찬을 받을 수 있다고 말한 것도 이러한 성장 방식에 근거를 두고 있다고 할 수 있다. 어린 아이들이나 초등학생의 신앙의 특징이 '자기중심적egocentric'이며, '신화적mythic', '문자적literal'이라면, 청소년기의 신앙의 특징은 '종합적synthetic', '인습적conventional'이라고 할 수 있다.[14]

유·초등부들은 자기중심적이며, 타인의 관점을 이해하는 데 어려움을 겪는다. 듣는 것보다는 보는 것을 통한 학습에 익숙하다. 그래서 시청각을 활용한 다감각적인 학습을 선호하는 경향이 있다. 교회에서 말씀을 들을 때도 문자적으로 이해하는 경향이 있다.[15] 성경의 깊은 가르침을 깨달을 수도 있지만, 일반적으로 성인과 같은 이해력을 보이지는 않는다. 그리고 어리면 어릴수록 하나님의 이미지를 '신인동형론적anthropomorphic'으로 이해한다. 그래서 하나님을 '슈퍼맨과 같은 분', '자기의 모든 것을 알고 계시는 분'과 같은 이미지로 이해한다.[16] 그러나 중학교 시기 전후로 자녀들의 사고 구조에 변화가 일어난다. 무엇보다 그들에게 어른의 수준에 필적할만한 논리가 형성된다. 또한 이전의 유아기적 사고들이 종합되며, 자신을 타인과의 관계성 속에서 살펴보게 된다. 그러므로 교단 헌법에서 만 14세 이후의 학생들은 공예배에 참석해야 한다고 가르치고 있는 데에는, 이 무렵의 학생들이 지닌 발달 단계적 특징을 고려한 결정이라 할 수 있다. 그러나 문자적으로 만 14세 이후부터 학생들을 공예배에 참여시킬 경우, 그들은 당장 적응에 어려움을 보이리라 생각된다. 따라서 머

---

14. 제임스 파울러, 『신앙의 변화』, 사미자 역 (한국장로교출판사, 2016), 85~89.
15. 페리 G. 다운스, 「파울러의 힘」, 『발달주의적 시각으로 본 기독교적 양육』, 제임스 C. 윌호이트·존 M. 디토니 편저 (쿰란출판사, 2005), 104.
16. 프리트리히 쉬바이쳐, 『삶의 이야기와 종교』(한국신학연구소, 2001), 253~254.

리가 조금이라도 더 부드러울 때, 특히 보다 어린 시절부터 공예배에 참여한다면, 학생들의 마음속에 보다 더 깊이 종교적인 심상이 각인될 수 있을 것이다.[17] 그런데 문제는 공예배의 설교이다. 즉, 어떻게 하면 유치하지childish 않으면서도 전 연령에게 다가갈 수 있는childlike 설교의 언어를 쓸 것인가 하는 것이다. 이것이 설교자에게 주어진 과제이다. "나는 그냥 성인을 상대로 설교해도 학생들이 알아서 따라 오더라."라고 말하는 것은 굉장히 무책임한 발언일 수 있다. 학생들의 발달적·심리적 특성을 이해하면서 보다 섬세한 언어를 사용한다면 훨씬 더 효과적인 접근이 가능하다.[18]

2) 맹목적 믿음에서 회의적 믿음으로

청소년기의 특징 중 하나는 신앙과 관련해 중요한 질문들을 하기 시작한다는 것이다. 어른들의 눈에는 이것이 불신앙적인 것으로 보일 수도 있다. 어린 시절 당연히 받아들였던 성경 이야기들을 때로는 과학적인 입장에서, 때로는 회의적인 관점에서 바라보려고 하기 때문이다. 그러나 이 시기에 신앙의 기초를 잘 다지지 못하거나, 제대로 된 훈련을 받지 못할 경우, 그들은 교회로부터 자연스럽게 멀어지게 되는 경우가 많다. 신자의 자녀들 가운데서도 드러내지는 않지만 혼자서 신앙의 고민들을 하는 경우가 많다.

따라서 부모와 교사들은 이러한 질문이나 회의를 죄악시하거나 비난하기보다 오히려 그것이 그들 나름대로의 깊은 성찰과 노력에서 나온 것임을 인정하며, 진지하게 그들과 대화를 시도하는 것이 필요하다. 무엇보다 청소년기에 진정한 회심을 경험할 수 있도록 믿음의 본질이나 구원에 관련한 주요 교리, 기독교 윤리에 대한 현대적 질문들 등과 같은 이슈들을 설교와 특강으로 풀어

---

17. 문화랑, 『교회교육 지도 그리기』 (생명의 말씀사[근간], 2021).
18. 문화랑, 『예배학 지도 그리기』 (이레서원, 2020), 192~193.

내는 목회적인 지혜가 필요하다. 그럼으로써 청소년들이 설교와 강의를 통해서 마음속에서 자라나는 신앙에 관한 질문들을 해결할 수 있도록 도움을 제공해야 한다.

교역자는 청소년들의 질문을 두려워하지 말고 교사들과 부모들에게 적절한 교육 자료들을 제공할 수 있어야 한다. 신앙의 본질에 관해 제기될 수 있는 다양한 질문들을 예상하고 이와 관련해 함께 독서토론의 시간을 가진다거나, 교사 특강과 부모 특강 등의 기회를 통해서 중·고등학생들의 질문에 어떻게 대답해야 하는지를 미리 준비해보는 것도 의미가 있을 것이다.

3) 정체성의 문제

청소년기에 가장 중요한 발달 과업이라면 바로 '정체성'의 문제일 것이다. 그들은 이 시기에 스스로에게 "나는 누구인가?", "나는 무엇을 믿고 무엇에 가치를 두는가?"를 질문한다. 이 시기에 정체성이 형성되지 못할 경우, 그들은 굉장한 성장통을 경험하게 될 것이다. 그들 자신만 힘들 뿐 아니라 부모에게도 근심거리가 될 수밖에 없다. 따라서 가정과 교회에서는 부모와 교역자가 서로 협력하여 청소년기에 바람직한 자기 정체성과 신앙 정체성이 형성될 수 있도록 최선의 노력을 다해야 한다. 정체성은 무엇보다도 건전한 소속감에서 나올 수 있다. 어떤 집단에 소속되어 있는가가 내가 어떤 사람인가에 대한 이미지를 제공하기 때문이다.[19]

그러므로 가정에서는 건전한 자아상이 형성되도록 자녀에게 안정감과 신뢰trust를 형성시켜 주어야 한다. 어린 시절에 가지는 신뢰는 한 평생을 따라다니며 심리적 안정과 발전의 동력이 된다.[20] 또한 교회에서는 교회에 소속된다

---

19. Paul Connerton, *How Societies Remember* (Cambridge: Cambridge University Press, 1989), 23.
20. Erik H. Erikson, *Toys and Reasons* (New York: Norton, 1977), 87.

는 것이 어떤 의미인지, 본인이 활동하는 중·고등부 모임이 얼마나 소중한 것인지, 우리가 믿음을 가진다는 것이 얼마나 귀한지, 하나님의 택하심을 받았다는 것이 얼마나 큰 축복인지를 느낄 수 있도록 지도해야 한다.

4) 존경하는 사람에게 의탁하고자 하는 마음

이 시기의 청소년들은 신앙 공동체 안에 있는 중요한 사람을 존경하고 의존하는 경향이 있다. 그래서 신앙의 모델이 되는 사람을 찾는다. 그러므로 부모나 교역자, 교회 학교의 교사는 스스로가 좋은 신자요, 학생들이 본받고 싶은 좋은 모델이 되고자 노력해야 한다. 그러나 또 한편으로 이 시기의 학생들은 신앙 공동체 안에 있는 중요한 사람을 지나치게 의존한다는 한계도 있다.[21] 그래서 때때로 불미스러운 사고가 일어나기도 한다. 그러므로 교역자나 교사는 하나님과 사람 앞에서 늘 경건하고 거룩한 도구가 되도록 본인을 점검해야 한다.

이 시기의 청소년들이 지니는 또 다른 특징은 그들의 신앙이 '인습적'인 특징을 가진다는 것이다. 즉, 공동체의 신앙 체계와 형태들을 취하려는 경향이 있다는 것이다. 그래서 중·고등부의 활동을 즐거워하고 배우려는 경향이 강하고, 이에 따라 그런 활동들에 전적으로 헌신하고자 하는 마음이 생겨나기도 한다. 예를 들어, 수련회 등을 통해 은혜를 받은 학생들이 주말에도 교회에 자발적으로 나와서 주보를 만들거나 주일을 준비하고, 교역자들을 돕는 것과 같은 헌신을 보이는 것이다. 따라서 이런 선한 열심을 보이는 학생들에 대해 적절히 칭찬하고, 그럼으로써 그들이 자신들의 부서와 교회를 사랑하는 마음을 지속적으로 갖도록 도와야 한다.

---

21. 페리 G. 다운스, 「파울러의 힘」, 106.

5) 진정한 교제fellowship의 중요성

중·고등부 시절에 중요한 것은 또래집단, 즉 친구나 선후배와의 관계이다. 세상은 날이 갈수록 개인주의화되어가고 파편화되어간다. 그러나 교회는 세상 문화와의 관계에서 때로는 반문화적인 태도를 취해야만 할 때도 있다. 그 중 하나가 바로 개인주의를 경계하고, 공동체를 중시하는 마음을 심는 일이다. 그럼으로써 교회의 모임을 소중히 하고, 함께하는 친구들 및 선후배들과의 교제fellowship를 소중히 하는 것이다.

교회에서는 학생들에게 환대의 정신을 가르쳐야 한다. 이를 위해서 교회가 먼저 중·고등학생들을 환대할 수 있어야 한다. 즉, 청소년들의 특징을 이해하고, 그럼으로써 그들의 문화를 일방적으로 정죄하기보다는 들어주며 이해하려고 노력해야 한다. 물론 이는 청소년들의 모든 것을 용납하라는 것이 아니다. 교정하며 꾸짖어야 할 문화의 영역이 분명히 존재한다. 그런데 "어른들의 문화는 온전히 건전한가?", "청소년들은 어른들을 모방한 것은 아닌가?" 등과 같은 질문이 제기될 수 있다. 교회는 죄인들이 올 수 있는 장소가 되어야 한다. 그래서 그들이 교회에서 새롭게 됨을 경험할 수 있어야 한다. 만약 교회가 세상 문화에 길들여진 학생들은 아예 접근조차 할 수 없는 분위기가 된다면, 교회의 교육부서는 신자 자녀들만이 존재하는, 그들만의 리그가 되고 말 것이다.

그러므로 교회는 어떻게 하면 신자의 자녀들을 권면하여 충성스런 신자로 만들 것인가를 고민하는 동시에 어떻게 하면 중·고등부가 선교적missional이 될 수 있는가를 함께 고민해야 할 것이다.

(5) 심각한 세대의 격차, 어떻게 극복할 것인가?

지금까지 중·고등부 쇠퇴의 원인이 무엇인지, 청소년 시기의 특성과 발달 과업이 무엇인지, 예배와 교육시스템을 통해 그들의 신앙이 어떻게 형성될 수 있는지를 살펴보았다. 이제 가장 어려운 문제에 직면해야 한다. 그것은 교회 안의 세대차generational gap의 문제이다. 교회에는 다양한 연령층의 사람들이 모여 있다. 그리고 각 세대는 나름대로의 특징을 지닌다. 그런데 그중 제일 독특하고 예측불가능하며, 변화무쌍한 세대를 하나 택하라면 많은 사람들이 10대teenager를 꼽을 것이다.

여러분은 혹시 이 단어들 가운데 몇 개나 알고 있는지 스스로 한번 테스트해보라. '오저치고', '졸귀탱', '얼죽아', '띵작', '에바', '버정', '버카', '삼김', '꾸안꾸', '만반잘부', '인만추', '오놀아놈', '졌잘싸', '애빼시', '엄근진', '남아공.'[22]

이것은 10대의 언어가 얼마나 독특한지를 나타내는 하나의 예일 뿐이다. 오늘날 기성세대는 10대와의 대화가 쉽지 않음을 느낀다. 언어는 사람들의 사고를 형성하기도 하고, 사고를 반영하기도 한다. 따라서 이러한 언어의 격차는 세대 간의 사고의 격차가 얼마나 심각한지를 보여주는 잣대가 될 수도 있다. 교회 안에는 많은 세대가 있고, 각 세대마다 예배와 교육, 교회생활, 성도와의 관계 등에 대한 생각이 판이하게 다르다. 그렇다면 기성세대는 어떻게 할 것인가? 청소년들을 있는 그대로 이해하며 품을 것인가? 아니면 그들을 기성세대의 틀에 맞추도록 변화시킬 것인가?

1) 문화적 고려: 레트로retro와 뉴트로new-tro 사이에서

인류의 역사 속에서 세대의 격차는 항상 존재해 왔다. 메소포타미아의 수메르 점토판에도, 이집트의 피라미드 내벽에도, 고대 그리스의 철학자 소크라테

---

22. 의미는 다음과 같다. '오늘 저녁 치킨 고?', '정말 귀엽다', '얼어 죽어도 아이스 아메리카노', '명작', '약간 지나친 느낌', '버스정류장', '버스카드', '삼각 김밥', '꾸민 듯 안 꾸민 듯', '만나서 반가워, 잘 부탁해', '인위적 만남을 추구함', '오! 놀 줄 아는 놈인가?', '졌지만 잘 싸웠다', '애교 빼면 시체', '엄격·근엄·진지', '남아서 공부 시킨다'.

스가 남긴 글에도 비슷한 얘기가 쓰여 있다고 한다. "요즘 젊은이들은 버릇이 없어."[23] 이 책의 필자들은 X세대에 속하는데, 당시에도 X세대는 독특하다는 말을 많이 들었다. 그런데 요즘의 청소년들은 Z세대라 불린다고 한다. 필자들의 눈에는 그런 Z세대가 너무나도 개성적이다. 그러니 같은 교회 안에서 함께 신앙생활을 하면서는 얼마나 다른 점이 많겠는가? 기성세대 성도들의 눈에는 젊은 세대들의 부족한 점이 얼마나 많이 보이겠는가? 반대로 젊은 혹은 청소년 성도들에게는 '라떼는'이라고 장황하게 말씀하시는 기성세대들이 얼마나 부담스럽겠는가?[24]

각 세대는 서로를 이해하려는 노력이 필요하다. 너무나도 다르기 때문에 때때로 함께하는 시간 속에서 오히려 분노의 감정이 일어나는 경우도 있지만, '판단'은 잠시 유보하고 서로를 관찰하며 친숙해지는 시간과 기회들을 가져야 한다. 서로 마음의 문을 열고 시간을 함께 보낼 수 있다면, 이해의 폭도 넓어질 것이다.

최근 국내에 트로트 열풍이 불고 있다. 텔레비전만 틀면 트로트 경연대회에 입상한 젊은 가수들이 프로그램들을 휩쓸고 있다. 장년들은 그런 음악을 들으며 과거의 그리움을 느끼며 추억에 잠기고, 젊은이들은 자신들의 부모 세대가 좋아했던 것들을 접하며 신기해한다. 같은 장소에서 같은 음악을 들으며 완전히 다른 두 세대가 가까워지는 계기가 되는 것이다. 이렇듯 문화 콘텐츠는 다른 특징을 가진 세대라 할지라도 모두에게 영향을 미칠 수 있다는 것이다. 비록 각 세대가 받아들이는 의미와 느낌은 상이할지라도 말이다.

그렇다면 교회 내의 문화적 격차에 대해서는 어떻게 볼 수 있을까? 이런 문

---

23. https://qz.com/quartzy/1264118/the-2500-year-old-history-of-adults-blaming-the-younger-generation/
24. '나 때는'이라는 표현을 통해 현 세대를 비판하는 사람을 묘사하기 위해 '라떼는'이라는 표현을 쓴다.

화의 격차는 한 세대가 다른 세대에게 일방적으로 영향력을 행사하는 관계가 되어서는 근본적인 해결책이 될 수 없다. 그보다는 상호교환mutual exchange의 열린 자세가 필요하다. 마치 성례라는 것도 일방적인 수여가 아니라 하나님께서 우리에게 주시는 은혜의 방편인 동시에 우리가 하나님께 드리는 충성의 서약임을 의미하듯이, 교회 내의 문화적 격차 또한 상호간의 이해와 서로가 서로를 배우려고 하는 노력이 동시에 진행되어야만 좁혀질 수 있는 것이다.[25]

예를 들어, 기성세대는 신세대의 찬양 레퍼토리를 보고 왜 찬송가의 비율이 적냐고 비난만 할 것이 아니라, 세대를 거쳐 내려오는 소중한 신앙의 유산인 기존의 찬송가를 다양한 악기구성과 편곡을 통해서 이 시대를 살아가는 신세대들의 귀에 들리도록 노력해 보는 것이다. 신세대들 또한 기성세대들의 예배를 구태의연한 유산으로만 생각할 것이 아니라, 그것이 무엇인지 일단 마음의 문을 열고 참여해 보는 것이다. 이런 경험은 사실 초등학교 전후부터 이루어져야 한다. 머리가 부드럽고, 마음의 문이 열려있는 어린 시절의 경험은 평생 잊히지 않는 경험이 되어 마음 밭에 새겨지게 되기 때문이다.[26]

문제는 변하지 않는 신앙의 본질적인 부분과 시대적 변용이 가능한 문화적인 요소들을 지혜롭게 구분하는 일이다. 하나님의 말씀은 진리와 생명의 말씀이다. 이것은 그 어떤 것과도 타협될 수 없다. 그러나 예배와 교육의 방법론, 스타일, 커뮤니케이션 방법론 등은 변할 수 있는 것이며, 나아가 시대를 통해 발전해야만 하는 것이다.

2) 세 겹 줄 원리: 가정예배, 세대통합예배, 부서별 모임을 연결시켜라

코로나19 사태를 통해서 교회는 일종의 위기감을 보다 절실하게 느끼게 되

25. 제임스 화이트, 『하나님의 자기 주심의 선물 성례전』, 김운용 역 (예배와 설교 아카데미, 2006), 63~71.
26. 문화랑, 『예배학 지도 그리기』, 194~196.

었다. 교회가 크고 작은 코로나 전파에 연루되는 동안 교회를 향한 여론은 무서울 만큼 싸늘했다. 물론 교회의 입장에서는 언론의 보도들이 억울할 수도 있다. 몇몇을 제외하고는 절대 다수의 교회들이 사회적 거리두기를 철저히 지키며, 교회가 지닌 사회적 사명을 감당하기 위해 대면 예배를 비롯해 많은 모임들을 축소하였기 때문이다. 그런데도 인터넷 댓글들만 봐도 앞으로 불신자들에게 전도하기가 선교지 이상으로 힘들 것임을 쉽게 예측할 수 있다. 그러므로 이런 상황에서 오늘날 교회가 최우선적으로 해야 할 일은 먼저 교회와 교육 부서를 튼튼히 하는 일이 아닐까 생각한다. 이것은 교회의 현재 모습을 돌아보며 지금 출석하고 있는 성도들과 그들의 가족들 및 자녀들의 신앙을 점검해보고, 그들을 하나로 뭉치게 하는 지혜를 찾아보자는 것이다.

이를 위해서는 먼저 가정에서의 신앙교육이 가장 기본이 되어야 한다. 현재 한국사회와 한국교회의 상황을 고려해볼 때, 신앙교육을 교회에만 의존할 수는 없다. 일반적으로 부모들은 교회학교에서 모든 것을 해주길 기대한다. 그러나 가정예배를 비롯해 가정에서의 신앙훈련이 결여된다면, 신앙적인 측면에서의 양육과 성장을 절대로 기대할 수 없다. 결국 부모가 유아세례 때 고백했던 자녀교육의 사명이 가정에서 우선적으로 실천되어야 하는 것이다.[27]

둘째로는 어린 시절부터 공예배에 참여하며 경험해 보는 것이 중요하다. 초등학생이 중·고등부에 적응하지 못하는 이유는 급격히 높아진 설교의 난이도, 이질적인 찬송, 무거워진 예배 형식에 있다고 볼 수 있다. 교회는 물리적으로 학생들의 예배 참여만 강조할 것이 아니라 보다 세심하고 전략적으로 예배를 기획해야만 한다. 학생들의 눈높이를 이해하고, 그들에게 접근할 수 있는 찬양을 선곡하고 메시지를 준비해야 한다.

---

27. 문화랑, 『교회교육 지도 그리기』 (서울: 생명의 말씀사(근간), 2021).

셋째로는 부서별 모임이다. 중·고등학생 시기에는 또래집단에 속하는 소속감이 성장과 발달에 큰 영향을 미친다. 또래의 학생들이 모인 집단에 소속된다는 것, 그리고 자신이 소속된 부서를 사랑하고 주인의식을 가지는 것은 중·고등학교 시기의 신앙 활동에 흥미를 배가시킬 수 있다. 또한 이런 소속감이 바탕이 되어 그리스도인으로서 정체성을 형성시키게 된다. 이것을 도표로 그린다면 [그림 1-1]과 같을 것이다. 중·고등부 학생들은 부서별 모임, 공예배 참여, 가정교육을 통해 신앙성장을 경험하게 될 것이다. 그런데 여기서 중요한 것은 이 세 가지 요소의 밸런스이다. 세 가지 요소 중 어느 하나라도 무너진다면, 중·고등학생들의 충실한 성장을 기대할 수 없다.[28] 전도서 4장 12절에는 이런 말씀이 있다. "한 사람이면 패하겠거니와 두 사람이면 맞설 수 있나니 세 겹줄은 쉽게 끊어지지 아니하느니라."

[그림 1-1] 가정예배, 부서예배, 공예배의 연결

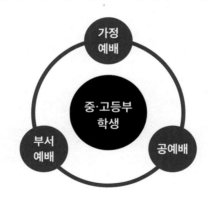

앞으로 한국교회는 각 교단 차원에서 가정의 신앙회복운동을 벌여야 한다.

---

28. 문화랑, 「개혁주의 교육방법: 교리교육과 예배참여를 통한 전인적 신앙 형성」, 『개혁논총』 53 (2020): 162~164.

그리고 부모양육 교재를 개발하여 한 살 두 살 자녀들의 연령이 증가할 때, 어떤 성경 본문과 교리들을 가르쳐야 하는지에 관한 커리큘럼이 만들어져야 한다. 또한 개교회의 중·고등부가 활성화될 수 있는 방안을 기획하며, 전임 사역자의 확충이나 중·고등부의 자체 공간 마련 등에 투자를 아끼지 않아야 한다. 무엇보다 어떻게 하면 전세대가 함께하는 예배의 경험을 지속할 수 있을지에 대해 연구해야 한다. 지금까지 특별한 예배로서의 세대통합 예배가 기획되어 왔지만, 그것이 보다 빈번하게 전세대가 자발적이고 기쁨으로 감당할 수 있도록 함께 노력해야 할 것이다.

3) 공예배와 부서 예배의 관계를 어떻게 설정할 것인가?

마지막으로 해결해야 할 문제는 공예배와 부서 예배의 관계 설정이다. 교회마다 이 문제를 해결하기 위해 고심해왔다. 그러나 먼저 결론부터 말하자면, 모든 교회에 적용될 수 있는 단 하나의 해결책은 존재하지 않는다는 것이다. 교회마다 사정이 다르고, 중·고등부 구성원들의 성격도 다르다. 따라서 교회의 사정과 중·고등부의 성격에 따라 얼마든지 달라질 수 있는 부분이라고 생각한다.

중·고등학생 입장에서 주일 일과를 한번 생각해보자. 한 주간 학교와 학원, 독서실 등에서 공부에 지치고 찌든 상태로 주일 오전에 일찍 일어나야 한다. 교회에 따라 순서의 차이는 있겠지만, 주일 공예배에 참여하고 중·고등부실로 이동한다. 그리고 중·고등부 모임에서 다시 공예배 순서와 흡사한 예배—물론 중·고등부 수준에 맞춰진 예배일 수도 있다—를 다시 드린다. (불신가정에서 출석하는 학생들은 중·고등부 예배에만 참석할 수도 있다.) 그리고 반별 모임이나 공과 공부시간을 가진 뒤 점심을 먹는다. 점심 이후 약간의 자유 시간이 있지만, 오후 예배에 특별한 순서가 있다면 그 시간에도 연습하기 위한 모임을 가지게 된다. 그런 다음 오후 예배에 참석한다. 그 후에는 추가적인 모임을 더 가지거나 부모님과 함께 집에 간다.

위와 같은 중·고등학생들의 주일 스케줄을 보면 결코 만만치가 않다. "과거라때는 말이야~ 그것보다 더했어. 그건 기본이야."라고 말씀하시는 기성세대들이 많이 있을 것이다. 그러나 학생들이 주일을 부담스럽게 여기기보다 안식과 평안, 회복이 있는 기쁨의 날로 인식하도록 여건을 조성해주는 것은 필수적이다.

무엇보다 주일은 하나님께 예배하는 예배의 날이며, 동시에 세상의 일을 멈추고 함께 교회에 모임으로써 우리가 우리 자신이 아니라 하나님을 의지하고 있음을 가시적·상징적으로 표현하는 것임을 깨닫게 해야 한다. 또한 예배가 얼마나 우리에게 소중한 것인지, 우리가 예배드릴 수 있고 함께 교제할 수 있다는 것이 얼마나 기쁘고 행복한 것인지를 깨닫게 해야 한다. 이것이 기본이 된다면 주일에 예배를 몇 번 드릴 것인가, 예배를 어떤 형식으로, 어떤 구조와 요소로 기획해야 하는가 등과 같은 것이 크게 문제되지 않는다. 왜냐하면 예배의 본질과 중심이 잡혀있다면, 나머지 일들은 자연스럽게 진행되어 나갈 것이기 때문이다.

교육부서에는 전담 교역자가 있어야 한다. 중·고등부 사역에 온전히 헌신할 수 있는 교역자가 필요하다. 왜냐하면 중·고등학교 시절에는 신앙의 모델이 필요하며, 신뢰할 수 있고 의지할 수 있는 사람이 필요하기 때문이다. 이런 점에서 부서의 담당 교역자가 우선적으로 그런 사람이 될 수 있어야 한다. 또한 교역자는 담임 목사와 해당부서의 교사들과 함께 부서예배와 공예배를 어떻게 연결시킬 것인지, 어떤 요소를 차별화시킬 것이며, 어떻게 이 둘의 관계가 학생들의 신앙 형성에서 시너지 효과를 낼 것인지를 고민해야 한다. 물론 어떤 교회는 공예배와 부서예배를 온전한 예배 형식으로 반복적으로 드릴 수도 있을 것이다. 그러나 어떤 교회는 공예배 때 전체가 예배를 드린 후, 부서에서는 다만 전체 모임과 반별 시간으로 활용할 수도 있을 것이다. 불신 가정에서 출석하는 비율이 높은 교회는 부서예배와 모임 시간에 보다 초점을 맞출 수도 있을 것이다.

우선 해당 교회의 상황과 현실을 잘 분석해보자. 교회와 해당 부서의 수년 간의 역사를 복기해보자. 어떤 형식으로 했을 때 학생들과 부서의 성장에 도움이 되었는지, 어떤 포맷이었을 때 부서가 힘들었는지를 살펴보자.[29] 그리고 교역자들과 핵심 지도자들이 함께 모여 허심탄회하게 의견을 나누어보자. 그리고 실천하자. 서로가 서로를 비난하지 않도록 넓은 마음으로 대화의 통로가 막히지 않도록 하자. 최선을 다해 노력한다면, 분명 자신의 교회에 맞는 지혜를 하나님께서 주실 것이다.

4) 실천적인 아이디어들

위의 논의들을 바탕으로 중·고등부 사역의 현장에서 다음과 같은 실천적인 적용들을 각 교회의 상황에 맞게 적용한다면 나름대로의 효과를 거둘 수 있을 것이다.

① 청소년들의 신앙 성장을 위해서 부모와 교사들이 신앙의 모델이 되어야 한다. 신앙 성장 과정에서 청소년들은 '존경하는 사람'의 영향을 많이 받는다. 따라서 가정에서 부모들은 기도의 모범 뿐 아니라 말씀대로 살고자 노력하는 모습들을 보여줄 필요가 있다. 그리고 교회학교의 교사들은 학생들을 부모와

---

29. 교회와 교육기관은 자신들의 역사를 기록으로 남길 필요가 있다. 통합측 연동교회의 경우 주일학교 사료들을 책으로 편찬하여 주일학교 연구에 큰 도움을 주었다. 연동교회, 『연동 주일학교 100년사(1907~2007)』(연동교회, 2008).

같은 심정으로 따뜻하게 맞아줄 수 있어야 하며, 신실한 신앙인의 모본을 보여야 한다. 앞으로 교회학교의 성패는 부모의 도움과 교사의 헌신에 달려 있다.

② 예배 훈련 및 신앙 훈련이 필요하다. 훈련은 하루아침에 이루어지지 않는다. 예배에 참여하고 공동체 모임에 참여하는 것이 왜 중요한지를 알도록 가르쳐야 한다. 그것이 왜 필요한가를 학생 스스로 납득할 수 있어야 한다.

③ 학생들이 예배와 교육에 능동적으로 참여할 수 있도록 하자. 단순히 설교자가 주인공이고 학생들은 청중이 되는 것이 아니라, 예배와 모든 활동에 학생들이 주인의식을 가지고 참여할 수 있도록 예배와 모임을 기획하자.

④ 신앙 발달 단계의 특징상 청소년들은 믿음에 관해 심도 깊게 질문하거나, 신앙에 대한 회의감을 표출할 수도 있다. 교사와 부모, 교역자들은 이것이 청소년기에 일어날 수 있는 자연스런 현상임을 인지하고 있어야 한다. 그리고 교회에서는 이에 대한 설교와 특강 등을 준비하고, 청소년들의 신앙에 대한 본질적인 질문에 해줄 수 있는 답을 준비해야 한다.

⑤ 예배 기획팀에 학생들을 참여시켜보자. 부서의 예배 뿐 아니라 교회 전체적으로 세대통합 예배를 기획할 때도 학생들의 목소리에 귀를 기울일 필요가 있다. 진정한 세대통합은 물리적으로만 함께 그 자리에 있다고 이루어지지 않는다. 그보다 청소년들의 고민과 성향, 그들이 아는 찬송과 성경 본문 등이 예배의 전체 구조 속에서 긴밀하게 융화될 필요가 있다. 그들의 언어로 신앙고백문을 만들어 본다든지, 예배의 순서를 맡아 보는 경험들은 평생 잊히지 않는 신앙의 유산이 될 것이다.

⑥ 청소년부만의 공간과 좌석을 어떻게 배치할 것인지를 고민해보자. 예배학적으로 살펴볼 때, 예배와 공간의 배치는 긴밀한 관계가 있다. 예배의 신학이 예배 공간과 구조, 배열에 영향을 미치기도 하지만, 역으로 예배 공간이 신학적 의미를 참여자들에게 전달하기도 한다. 기존의 직선적인 공간 배열은 일방적이고 권위적인 모임이 될 가능성이 많다. 설교자를 중심으로 서로가 서로를 볼 수 있도록 좌석을 배치해 보는 것은 어떨까? 어떻게 하면 공동체성, 하나 됨을 경험할 수 있도록 교육 환경, 예배 환경을 만들지에 대해 고민해보자.

⑦ 청소년 문화에 대한 이해가 필요하다. 전통적으로 교회의 어른들은 청소년들의 문화를 교도의 대상으로 생각하는 경우가 많았다. 물론 이 세상의 청소년 문화가 신앙적 관점에서 볼 때 잘못된 부분이 많은 것은 분명하다. 그러나 그 어떤 죄인이라도 교회에 올 수 있는 열린 환대의 정신이 있어야 한다. 그렇지 않고 교회가 착하거나 모범적이지 않은 학생들은 아예 접근할 수 없는 곳이라는 인식을 줘서는 곤란하다. 교회의 어른들이 조금 반항적으로 보이는 청소년들을 볼 때, "얼마나 마음이 복잡하고 힘이 들면 그럴까" 하는 시각으로 바라본다면, 교회를 방문하는 청소년들이 느끼는 분위기가 사뭇 달라질 것이다.

⑧ 청소년 사역에서는 심방이 정말로 중요하다. 예전이나 지금이나 성장하거나 규모 있는 중·고등부를 담당하고 있는 사역자들의 비결은 '심방'에 있다. 학생들에게 연락하고, 찾아가고, 만나며, 음식을 나누고, 교제하는 교역자들의 부서는 활기가 넘친다. 교역자의 관심과 사랑을 받는 학생들은 그들 또한 교역자를 신뢰하고 교회를 사랑하게 되어 있다. 따라서 개교회는 중·고등부를 맡고 있는 사역자들이 그 부서에 집중할 수 있도록 여건을 마련해줘야 한다.

⑨ 이 시대에도 전도는 불가능하지 않다. 아무리 전도가 힘든 시대라 할지라도, 전도는 주님께서 오시는 그날까지 지속될 것이다. 하나님의 작정에는 부족함이나 실패함이 없고, 지금도 구원의 역사는 일어나고 있다. 예전과 같이 사회가 기독교에 호의적이지 않더라도, 지금도 얼마든지 전도는 가능하다. 문제는 구령의 열정이다. 학교 앞 전도가 힘들다면, 신자 교사들을 통해서 학교 안으로 들어가면 된다. 지금도 중·고등학교의 특활 부서를 통해서 학생들을 돌보고 전도하는 교회들이 많고, 그들의 사역을 통해 아직도 전도가 되고 있음을 기억하자.

⑩ 주인 의식을 가지게 하자. 중·고등학생들이 자기 교회의 부서에 주인의식을 가지도록 하자. 이것은 주일 모임 뿐만 아니라 여름 수련회 및 부서의 다양한 활동을 통해서 이뤄질 수 있다. 학생들에게 적절한 일을 분배하고, 책임감을 느끼게 하자. 그러면 분명 그들에게서 교회를 사랑하는 마음이 자라고, 신앙이 자라는 모습을 보게 될 것이다.

⑪ 교회교육을 위한 다양한 콘텐츠 개발이 필요하다. 학생들이 하루에 유튜브나 소셜 미디어에 소모하는 시간이 평균 한 시간 반이라는 통계가 있다. 오늘날 교회에서는 코로나19 사태를 겪으면서 온라인 플랫폼과 콘텐츠 개발에 대한 필요성이 절실히 제기되고 있다. 따라서 여러 교회가 힘을 모으든지, 총회교육원을 통해 수준 있는 교육 자료들을 개발해서 작은 교회들이 활용할 수 있도록 도와야 한다.

⑫ 학생들에게 신앙의 핵심을 가르치는 것이 필요하다. 학생들은 신앙에 대하여 매우 단편적이고 파편화된 지식을 가지고 있다. 따라서 기독교 신앙의

핵심적이고 기본적인 진리에 대하여 우선적으로 가르칠 필요가 있으며, 이와 관련된 프로그램과 교재의 개발도 요청된다. 이러한 맥락에서 학생들에게 '사도신경'의 의미를 구체적으로 소개하는 것도 효과적일 수 있다. 대부분의 청소년들이 사도신경의 의미를 모른 채 그저 '주문'처럼 외우고만 있기 때문이다.[30]

(6) 코로나 시대가 주는 교회교육의 가능성과 기회

이제 우리는 교회교육에 불어 닥친 위기를 바라보면서 '움츠러들 것'이 아니라 오히려 '믿음의 눈'을 통해 적극적으로 교회교육의 가능성과 기회를 바라보며, 그것을 사역 현장에 제안하고자 한다. 특히 그동안 교회교육에서 시도했지만 내실 있게 진행할 수 없었던 요소들을 코로나 시대이기 때문에 오히려 더욱 강화하고 더욱 적극적으로 적용할 수 있지 않을까 하는 요소들을 제안하고자 한다.[31]

1) 코로나 시대는 부모를 통한 자녀의 신앙교육을 강화할 수 있는 기회이다

개혁신앙 안에서 자녀들을 향한 신앙교육의 책임은 무엇보다 부모에게 있다. 하지만 안타깝게도 지금 교회의 모습은 자녀의 신앙을 부모가 책임지는 것이 아니라 담당 교역자 혹은 교회학교 교사가 떠안은 형국이다. 이와 관련하여 필자는 이미 많은 연구와 공식적인 발표들에서 해당사항이 우선적으로 오늘날 교회가 회복하고 변화시켜야 할 요소라고 강조하였다. 하지만 신앙교

---

30. 이러한 문제의식으로 이현철은 다음세대 신앙교육을 위하여 사도신경과 십계명을 쉽게 설명하고 가르칠 수 있도록 구성된 책을 출판하였다. 이 책은 '쉬운 개념 파트'와 '쉬운 실전 파트'로 구성하여 사도신경과 십계명의 핵심적인 의미와 그것을 실제 교회학교 수업시간에 적용할 수 있도록 수업 로드맵을 현장감 있게 제공하고 있다. 이현철의 책을 참고하라. 이현철, 『신앙정석』 (생명의 양식, 2020).
31. 본 내용은 이현철의 2021년 1월 『월간고신』 (신년 특집호)에 기고한 글의 일부를 수정하였음을 밝혀둔다.

육의 현장에서는 부모의 우선순위의 문제와 시스템화된 교회교육의 모습들로 인해 의미 있게 추진할 수 없는 사안이 되어버린 듯하다. 하지만 코로나 시대에서는 더 이상 부모들이 자녀들을 교회와 학교에만 맡겨놓을 수 없는 상황이 되어버렸다. 많은 자녀들이 상당한 시간을 교회와 학교가 아니라 '가정'에서 보내게 되었다. 코로나라는 강력한 변화 속에서 부모와 자녀들이 함께하고 나눌 수 있는 물리적인 환경이 구축된 것이다. 이제는 자녀들이 밖에서 자신들의 삶을 영위하기보다 가정 내에서 부모들과 함께 보내는 시간이 절대적으로 많아졌다. 이러한 맥락에서 개체교회와 교회교육 사역자들은 부모들이 자녀들의 신앙교육을 지도하고, 수행할 수 있는 전략과 방안을 교회별 상황에 맞추어 제공해줄 필요가 있다. 그럼으로써 부모를 통한 신앙교육을 강화함은 물론, 자녀들의 신앙 성장을 위한 부모의 역할을 지원해주어야 할 것이다. 이는 교회교육 내 가정과의 연계성을 강화하는 주요한 전략도 될 것이다.

2) 코로나 시대는 온라인을 통한 맞춤형 신앙교육의 기회이다

코로나 시대의 교회교육은 온라인을 통한 신앙교육의 장을 앞당겼으며, 기존 교회교육의 교육적 플랫폼의 형태를 확장해주었다. 기존의 대면 형태의 교회교육에서는 학생들의 특성과 수준을 고려한 '맞춤형 신앙교육'이 효율적으로 진행될 수 없었다. 왜냐하면 학생들의 신앙적인 질문이나 삶의 문제들을 개별적으로 응대하기가 까다로웠을 뿐 아니라, 학생들 역시 공개적인 자리에서 자신의 신앙적인 상황을 쉽게 나누기가 부담스러웠기 때문이다. 하지만 비대면의 온라인 체제 속에서는 교사와 학생들 간의 관계성이 상대적으로 부담스럽지 않고, 개별적인 차원에서 수행될 수 있는 가능성이 매우 높다. 이와 같은 모습은 공교육에서도 동일하게 나타나고 있는데, 즉 교실에서 교사들에게 질문하기를 부담스러워 했던 학생들이 비대면 상황 속에서 활발히 질문하거나 수업 활동에 적극적으로 참여하는 긍정적인 면이 나타나고 있는 것이다. 이러한 맥락에서 코로나 시대는 학생들의 특성과 수준을 고려한 '맞춤형 신앙교육'의 가능성을 열어주었다고 볼 수 있다. 즉, 학생들의 신앙 수준별로 교회교육의 콘텐츠와 주제들을 제공할 수 있게 되었고, 학생들도 검증되고 엄선된 다양한 신앙 자료와 콘텐츠를 자신들의 이해도와 고민 내용에 맞게 선택적으로 학습할 수 있게 된 것이다. 더불어 이는 학생들의 신앙교육 참여와 관심을 증대시킬 수 있는 좋은 동기부여도 될 수 있다. 신앙교육의 내용이 자신들과는 동떨어진 것이 아니라 실제로 자신이 고민하고 있는 내용과 딜레마들을 다루기 때문이다.

3) 코로나 시대는 교회교육의 전문성을 개발할 기회이다

코로나 시대는 교회교육과 관련된 전문적인 역량을 가진 사역자들을 요청하고 있다. 기존의 상황과는 다른 교육적 맥락에서 코로나 시대에 맞는 '교수-학습 전략, 학생 상담 전략, 분반 운영 전략, 온라인 활용 전략' 등이 요청되기 때문이다. 그러므로 교회교육 관련 목회자들과 교사들은 기존의 방식과는 다른 새로운 추가적으로 요청되는 전문성과 역량의 개발이 필요하게 되었다. 만약 해당 전문성과 역량이 정련되게 개발되고 이루어진다면, 이는 궁극적으로 교회교육 현장에서 수행되는 신앙교육의 질을 개선시킬 것이며, 학생들의 신앙성숙에 도움을 줄 수 있는 역할을 하게 될 것이다. 이를 위해서 각 교단의 '교육 전담 기관'의 역할은 두말할 나위 없이 중요하며, 큰 책무성을 가진다. 해당 기관들은 코로나 시대에 부합하는 신앙 교육과정과 신앙교육 콘텐츠들을 시급히 개발해야 하며, 현장의 요청에 반응해야 할 것이다. 물론 이러한 체계적인 사역을 수행할 수 있도록 교단 차원에서 전폭적인 지원이 지속적으로 이루어져야 할 것이며, 더불어 관련된 연구 인력도 확보되어야 할 것이다.

코로나시대
청소년신앙
리·포·트

2부

설문조사 및 분석 방법

우리는 앞의 "1부. 문제 인식하기"에서 고민한 사항들과 코로나19 시대에 사역 현장의 실제적인 변화를 추구하기 위하여 전국단위의 설문조사를 수행하였다. 해당 작업은 학생신앙운동SFC이 주최하였으며, 「코로나19에 따른 한국교회 청소년 사역방안 기초조사」를 통해 이루어졌다연구책임: 이현철 박사, 공동연구: 문화랑 박사, 이원석 박사, 안성복 목사, 연구협력: 백경태, 박건규, 손지혜, 허주은 간사. 이 결과들은 코로나19 시대에 데이터를 기반으로 한 한국교회의 청소년 사역을 위한 핵심적인 기초자료가 될 것이며, 이를 바탕으로 사역 현장에서는 좀 더 구체적이고 상황의 변화에 탄력적으로 대응할 수 있는 전략들이 구성될 수 있을 것이다. 이에 여기서는 설문조사와 관련된 연구대상, 설문내용, 분석방법 등을 소개하고자 한다.

(1) 연구 대상

해당 조사에서는 전국 16개 시도에 거주하고 있는 교회에 출석하는 청소년중·고등학생 1,753명을 대상으로 실태 조사를 실시하였다. 설문조사 시기는 2020년 10월 25일부터 11월 8일까지 2주간 실시하였으며, 설문조사 방법은 웹설문지 형식으로 실시하였다. 표집방법은 기본적으로 모집단을 중심으로 한 지역별 유층표집stratified sampling이 적용되었으며, 동시에 모집단의 비례를 고려하여 하위집단을 할당 배정하고 무선적으로 표본을 추출하였다. 해당 과정은 학생신앙운동SFC의 지역별 네트워크에 의해 체계적으로 수행될 수 있었다. 연구대상의 개인적인 배경은 다음 <표 2-1>과 같다.

<표 2-1> 연구 대상의 개인적 배경

구분		빈도(명)	백분율(%)
성별	남자	850	48.5
	여자	903	51.5
	합계	1,753	100.0
학교급	중학교	855	48.8
	고등학교	839	47.9
	기타(홈스쿨링, 대안학교)	59	3.4
	합계	1,753	100.0
학년	중학교 1학년	299	17.3
	중학교 2학년	282	16.3
	중학교 3학년	276	16.0
	고등학교 1학년	287	16.6
	고등학교 2학년	299	17.3
	고등학교 3학년	287	16.6
	합계	1,730	100.0
교회 출석 기간	1년 미만	56	3.2
	1~3년 미만	82	4.7
	3~5년 미만	73	4.2
	5~10년 미만	176	10.0
	10년 이상	1366	77.9
	합계	1,753	100.0
교회 전체 인원	50명 미만	86	4.9
	50~150명 미만	324	18.5
	150~300명 미만	363	20.7
	300~600명 미만	375	21.4
	600~1,000명 미만	153	8.7
	1,000명 이상	452	25.8
	합계	1,753	100.0

교회 청소년부 인원	10명 미만	188	10.7
	10~30명 미만	539	30.7
	30~50명 미만	432	24.6
	50~100명 미만	327	18.7
	100명 이상	267	15.2
	합계	1,753	100.0
SFC 활동 기간	1년 미만	565	32.2
	1~2년 미만	300	17.1
	2~3년 미만	231	13.2
	3~4년 미만	146	8.3
	4년 이상	511	29.2
	합 계	1,753	100.0
Teen SFC 활동 여부	활동함	402	22.9
	활동하지 않음	1351	77.1
	합 계	1,753	100.0
Teen SFC 활동 기간	1년 미만	475	60.4
	1~2년 미만	110	14.0
	2~3년 미만	81	10.3
	3~4년 미만	39	5.0
	4년 이상	82	10.4
	합 계	787	100.0
신력	원입(새신자)	250	14.3
	학습	202	11.5
	세례	322	18.4
	유아세례-입교	979	55.8
	합 계	1,753	100.0

개인적 배경을 구체적으로 살펴보면, 성별은 여자의 비율이 51.5%로 남자 48.5%보다 높으며, 학교 소재지는 경남이 38.3%로 가장 많고, 경기 12.9%, 서울 9.5%, 울산 8.8%, 부산 7.4% 등의 순이다. 학교급은 중학교가 48.8%로 가장 많고, 고등학교 47.9%, 기타홈스쿨링 또는 대안학교 3.4% 순이다. 학년은 중학교 1학년부터 고등학교 3학년까지 16.0~17.3%까지 비교적 골고루 분포가 되어있다. 교회 출석 기간은 10년 이상이 77.9%로 가장 많고, 5~10년 미만 10.0%, 1~3년 미만 4.70% 등의 순이다. 교회 전체 인원은 1,000명 이상이 25.8%로 가장 많고, 300~600명 21.4%, 150~300명 20.7%, 50~150명 18.5% 등의 순이다. 교회 청소년부 인원은 10~30명 미만이 30.7%로 가장 많고, 30~50명 24.6%, 50~100명 18.7% 등의 순이다.

SFC 활동 기간은 1년 미만이 32.2%로 가장 많고, 4년 이상 29.2%, 1~2년 미만 17.1% 등의 순이다. Teen SFC 활동 여부는 '활동하지 않음'이 77.1%이고, '활동함'이 22.9%이다. Teen SFC 활동하는 학생 중 활동 기간은 1년 미만이 60.4%로 가장 많고, 1~2년 미만 14.0%, 4년 이상 10.4% 등의 순이다. 마지막으로 신력은 유아세례-입교가 55.8%로 가장 많고, 세례 18.4%, 원입새신자 14.3%, 학습 11.5%의 순이다.

(2) 설문 내용

설문 내용은 개인적인 배경 관련 12문항, 코로나19와 개인생활 관련 8문항, 코로나19 이전과 이후의 생활변화 관련 12문항, 코로나19와 학교생활 관련 13문항, 코로나19와 신앙생활 관련 28문항의 총 73문항으로 구성되었다. 해당 문항의 도출과정은 선행연구를 바탕으로 기초 문항을 구성하였으며, 현장전문가와의 4차에 걸친 타당화와 사전 논의를 통해 개발되었다. 조사에 활용된 문항의 영역별 신뢰도 Cronbach α계수는 .824~.938 수준이었으며, 양호하게 확인되었다. 구체적인 설문 내용은 다음 <표 2-2>와 같다.

<표 2-2> 설문 내용

구분	문항번호 및 내용	문항수
개인적 배경	1. 성별, 2. 소재지, 3. 학교급, 4. 학년, 5. 연령, 6. 교회 출석 기간, 7. 교회 전체 인원, 8. 교회 청소년부 인원, 9. 학생신앙운동(SFC)활동 기간, 10. Teen SFC 활동 여부, 11. Teen SFC 활동 기간, 12. 신력	12
코로나19와 개인 생활	13. 평소 관심사 14. 코로나19로 인한 개인적 변화(5문항) 15. 코로나19로 인한 어려움 16. 코로나19로 인해 좋아진 점	8
코로나19 이전과 이후의 생활 변화	17. 코로나19 이전의 평균수면 시간 18. 코로나19 이후의 평균수면 시간 19. 온라인 매체 사용 시간의 변화 19-1. 코로나19 이전의 스마트폰 사용 시간 19-2. 코로나19 이전의 TV 시청 시간 19-3. 코로나19 이전의 동영상 스트리밍 사용 시간 19-4. 코로나19 이전의 PC/노트북 이용 시간 20. 온라인 매체 사용 시간의 변화 20-1. 코로나19 이후의 스마트폰 사용 시간 20-2. 코로나19 이후의 TV 시청 시간 20-3. 코로나19 이후의 동영상 스트리밍 사용 시간 20-4. 코로나19 이후의 PC/노트북 이용 시간 21. 코로나19 이전과 이후의 신체적 건강상태 변화 22. 코로나19 이전과 이후의 정신적 건강상태 변화	12
코로나19와 학교 생활	23. 코로나19로 인한 변화에 대한 인식(7문항) 24. 1학기 중 학교 등교 횟수 25. 온라인 수업에 대한 평가(5문항)(신뢰도=.824)	13

	26. 코로나19로 인한 신앙생활의 변화(4문항)(신뢰도=.864)	
코로나19와 신앙 생활	27. 온라인 예배에 대한 인식 28. 온라인 교회모임의 가능성에 대한 인식 29. 온라인 교회모임 참여 의향 30. 코로나19가 개인의 신앙생활에 미친 영향(6문항) 31. 신앙생활에 대한 현재 선호도 32. 신앙생활에 대한 미래 중요도 33. 신앙교육에 가장 큰 영향을 미치는 사람 34. 교회학교가 성장하지 않는 가장 큰 요인 35. 학생신앙운동(SFC)이 성장하지 않는 가장 큰 요인 36. 교회에 출석하는 동기 37. 현재 교회교육이 나에게 미친 영향 38. 일상생활 및 신앙생활 전반적 만족도(5문항)(신뢰도 =.858) 39. 신앙고백 수준(3문항)(신뢰도=.938)	28
계	총 69문항	

(3) 분석 방법

우리가 사용한 분석방법은 SPSS 23.0 프로그램을 활용하여 코로나시대의 청소년의 인식을 분석하였으며, 구체적인 분석 방법은 다음과 같다.

첫째, 연구대상의 개인적인 배경을 파악하기 위해 빈도분석을 실시하였으며, 설문문항은 신뢰도 분석을 실시하였다.

둘째, 연구대상의 인식을 분석하기 위해 빈도분석 및 기술통계를 실시하였으며, 개인적인 배경별로 차이를 파악하기 위해 교차분석 및 독립표본 t검증, 일원분산분석을 실시하였다.

셋째, 코로나19 이전과 코로나19 이후의 인식 비교와 요구도 분석을 위해 대응표본 t검증을 실시하였다.

넷째, 요구도 우선순위를 파악하기 위해 Borich 요구도와 The locus for

focus 모델유형 결정 분석을 실시하였다.[1]

구체적으로 살펴보면 Borich의 요구도 값은 현재선호도 수준과 바람직한미래 중요도 수준 간의 차이에 바람직한 수준에 대한 가중치를 부여함으로써 두 수준 간 차이에 대하여 우선순위 결정의 방향성을 제공한다. 이를 수식으로 나타내면 다음과 같다.

$$\frac{\sum_{n=1}^{N}(RL_n - PL_n) \times \overline{RL}}{N}$$

RL(Required Level) : 미래 중요도 수준

PL(Perceived Level) : 현재 선호도 수준

$\overline{RL}$: 미래 중요도 수준의 평균

N : 전체 사례 수

Borich 요구도 공식은 바람직한 수준에 가중치를 둔 방식으로 요구도 값에 따라서 우선순위를 결정할 수 있다. 그러나 어느 순위까지를 최우선적으로 고려할 것인지에 대한 판단기준은 없다는 단점이 있다.

연구자들은 이러한 단점을 보완하기 위해 The Locus for Focus 모델을 사용하였다. The Locus for Focus 모델은 바람직한 수준의 평균값을 x축으로, 바람직한 수준과 현재 수준 간의 차이불일치 수준의 평균값을 y축으로 하는 좌표평면으로 [그림 2-1]과 같다.

---

1. Borich, G. D. "A needs assessment model for conducting follow-up studies," *The Journal of Teacher Education*, 31(3)(1980), 39-42. Mink, O. G., Shultz, J. M., & Mink, B. P. *Developing and managing open organizations: A model and method for maximizing organizational potential.* Austin: Somerset Consulting Group, Inc(1991).

[그림 2-1] The Locus for Focus 모델[2]

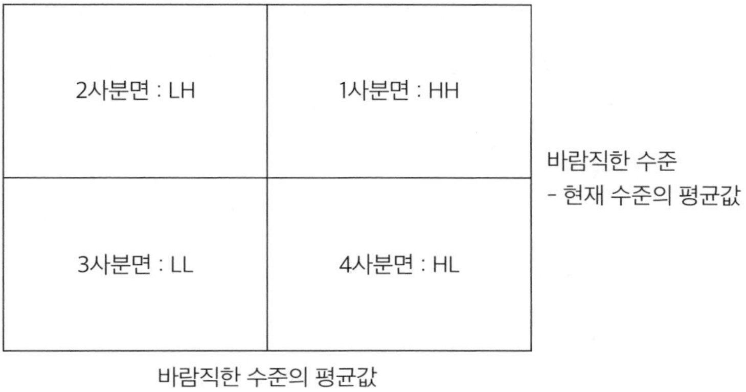

2사분면 : LH	1사분면 : HH
3사분면 : LL	4사분면 : HL

바람직한 수준
- 현재 수준의 평균값

바람직한 수준의 평균값

[그림 2-1]에서 보듯이, 제1사분면고고은 바람직한 수준의 평균과 불일치 수준의 평균이 모두 높은 분면으로 최우선적인 요구로 분류된다. 제2사분면저고은 바람직한 수준은 낮지만 불일치 수준은 높은 분면이고, 제4사분면고저은 바람직한 수준의 평균은 높지만 불일치 수준이 낮은 분면으로 차순위 요구군에 해당한다. 제3사분면저저은 바람직한 수준도 낮고 불일치 수준도 낮은 분면으로 우선적으로 고려되어야 할 요구로 보기 어렵다.

Borich 공식과 같이 바람직한 수준으로 우선순위 결정의 방향성을 갖는 The Locus for Focus 모델의 결과는 Borich 공식에서 도출된 우선순위에서 어느 순위까지를 1차적으로 고려할지에 대한 정보를 제공해 준다. 마지막으로 The Locus for Focus 모델에서 HH분면에 포함된 항목과 그 개수를 파악한다. 그리고 The Locus for Focus 모델에서 HH분면에 속한 항목의 개수만큼 Borich의 요구도 상위 순위에 포함된 항목들을 결정한다. 그리고 두 방법

---

2. 조대연. 「설문조사를 통한 요구분석에서 우선순위결정 방안 탐색」, 『교육문제연구』, 35(2009)에서 재인용.

을 통해 상위 우선순위로 제안된 항목들의 중복성을 확인한다. 두 방법으로부터 공통으로 상위 우선순위에 해당되는 항목을 최우선순위 항목들로 결정한다. 또한 두 방법 중 하나에만 해당되는 항목을 차순위 항목들로 결정한다.[3]

---

3. 조대연. 165~187.

코로나시대
청소년신앙
리·포·트

3부
데이터 분석하기

1. 코로나19와 개인생활

(1) 청소년들의 평소 관심사

청소년들의 평소 관심사는 학업/성적이 23.3%로 가장 많았고, 다음으로 취미활동(22.0%), 진로/직업(21.3%), 운동/건강(7.6%), SNS활동(6.0%)의 순이다.

구체적으로 살펴보면, 성별로는 남자는 취미활동(28.9%)이 가장 많고, 여자는 학업/성적(26.6%)이 가장 많았다. 학교 소재지별로는 서울·경기·인천(28.1%)과 대구·경북(24.0%)은 학업/성적이 가장 많았고, 부산·울산·경남(22.5%)과 강원·충청·전라·제주(22.1%)는 취미활동이 가장 많았다. 학교급별로는 고등학생은 학업/성적(28.8%)이 가장 많았고, 중학생(31.1%)과 기타홈스쿨링, 대안학교(30.5%)는 취미활동이 가장 많았다. 청소년들의 평소 관심사는 [그림 3-1]과 같으며, 개인적 배경별 평소 관심사는 <표 3-1>과 같다.

[그림 3-1] 청소년들의 평소 관심사

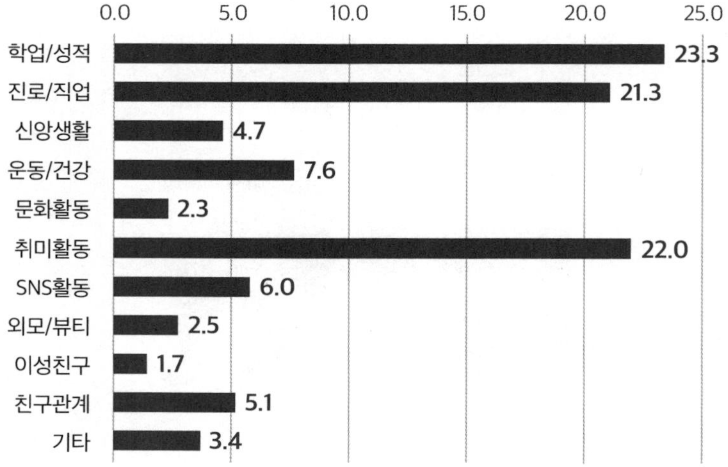

<표 3-1> 개인적 배경별 평소 관심사

(단위: %)

구분		학업/성적	진로/직업	신앙생활	운동/건강	문화활동	취미활동	SNS활동	외모/뷰티	이성친구	친구관계	기타
전체		23.3	21.3	4.7	7.6	2.3	22.0	6.0	2.5	1.7	5.1	3.4
성별	남자	19.8	20.0	4.5	12.7	2.1	28.9	2.1	0.5	2.4	3.5	3.5
	여자	26.6	22.5	5.0	2.8	2.5	15.5	9.7	4.4	1.0	6.6	3.3
학교소재지	서울경기인천	28.1	19.7	3.4	6.4	2.5	20.7	7.1	2.5	2.2	4.4	3.0
	부산울산경남	21.6	21.5	5.7	8.2	2.0	22.5	5.5	2.5	1.7	5.2	3.7
	대구경북	24.0	23.1	5.3	6.2	2.7	20.0	5.8	2.7	0.4	6.7	3.1
	강원충청전라제주	20.4	21.6	1.8	9.0	3.6	25.1	6.6	2.4	1.8	4.2	3.6
학교급	중학교	18.7	14.9	3.0	7.7	2.6	31.1	6.9	3.3	1.4	6.7	3.7
	고등학교	28.8	27.2	6.3	7.5	2.1	12.2	5.2	1.8	2.0	3.8	3.0
	기타(홈스쿨링, 대안학교)	10.2	30.5	6.8	6.8	1.7	30.5	5.1	1.7	0.0	1.7	5.1

(2) 코로나19로 인한 개인적 변화

청소년들이 인식하는 코로나19로 인한 개인적 변화는 '친구들과 모임이 줄었다'가 5점 척도에 3.56점으로 가장 높았고, 다음으로 '가족들과 대화가 많아졌다'(3.53점), '혼자 있는 시간이 많아졌다'(3.45점), '코로나19로 인해 우울감이 들었다'(2.22점), '코로나19로 인해 학교에 가는 게 약간은 겁난다'(1.94점)의 순으로 나타났다. 청소년들이 인식하는 코로나19로 인한 개인적 변화는 [그림 3-2]와 같다.

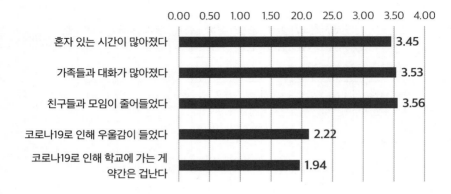

[그림 3-2] 코로나19로 인한 개인적 변화

항목	점수
혼자 있는 시간이 많아졌다	3.45
가족들과 대화가 많아졌다	3.53
친구들과 모임이 줄어들었다	3.56
코로나19로 인해 우울감이 들었다	2.22
코로나19로 인해 학교에 가는 게 약간은 겁난다	1.94

1) 성별에 따른 코로나19로 인한 개인적 변화 인식 차이

성별에 따른 코로나19로 인한 개인적 변화에서 '혼자 있는 시간이 많아졌다'는 남자가 여자보다 점수가 높았으며, '친구들과 모임이 줄었다', '코로나19로 인해 우울감이 들었다', '코로나19로 인해 학교에 가는 게 약간은 겁난다'는 여자가 남자보다 점수가 높았다. 그러나 '가족들과 대화가 많아졌다'는 남자와 여자의 점수에 차이가 없었다. 성별에 따른 코로나19로 인한 개인적 변화 인식 차이는 <표 3-2>와 같다.

<표 3-2> 성별에 따른 코로나19로 인한 개인적 변화 인식 차이

(단위: 점(5점 척도))

구분		평균	표준편차	t
혼자 있는 시간이 많아졌다	남자	3.52	1.154	2.258*
	여자	3.39	1.111	
가족들과 대화가 많아졌다	남자	3.53	.940	-.003
	여자	3.53	.909	
친구들과 모임이 줄어들었다	남자	3.45	1.150	-4.140***
	여자	3.67	1.038	
코로나19로 인해 우울감이 들었다	남자	2.05	1.110	-5.858***
	여자	2.38	1.235	
코로나19로 인해 학교에 가는 게 약간은 겁난다	남자	1.81	1.028	-5.156***
	여자	2.07	1.056	

*p<.05, ***p<.001

2) 학교 소재지에 따른 코로나19로 인한 개인적 변화 인식 차이

학교 소재지에 따른 코로나19로 인한 개인적 변화에서 '혼자 있는 시간이 많아졌다'는 서울·경기·인천 지역의 점수가 가장 높았고, 부산·울산·경남 지역의 점수가 가장 낮았다. '친구들과 모임이 줄었다'는 서울·경기·인천 지역의 점수가 가장 높았고, 부산·울산·경남 지역과 대구·경북 지역의 점수가 가장 낮았다. '코로나19로 인해 우울감이 들었다'와 '코로나19로 인해 학교에 가는 게 약간은 겁난다'는 서울·경기·인천 지역의 점수가 가장 높았고, 대구·경북 지역의 점수가 가장 낮았다. 그러나 '가족들과 대화가 많아졌다'는 학교 소재지에 따른 차이가 없었다. 학교 소재지에 따른 코로나19로 인한 개인적 변화 인식 차이는 <표 3-3>과 같다.

<표 3-3> 학교 소재지에 따른 코로나19로 인한 개인적 변화 인식 차이

(단위: 점(5점 척도))

구분		평균	표준편차	t
혼자 있는 시간이 많아졌다	서울경기인천	3.73	1.030	11.002***
	부산울산경남	3.36	1.153	
	대구경북	3.41	1.103	
	강원충청전라제주	3.38	1.200	
가족들과 대화가 많아졌다	서울경기인천	3.50	.955	.565
	부산울산경남	3.55	.924	
	대구경북	3.52	.872	
	강원충청전라제주	3.46	.917	
친구들과 모임이 줄어들었다	서울경기인천	3.80	1.023	9.210***
	부산울산경남	3.47	1.117	
	대구경북	3.47	1.065	
	강원충청전라제주	3.65	1.135	
코로나19로 인해 우울감이 들었다	서울경기인천	2.49	1.241	9.927***
	부산울산경남	2.13	1.156	
	대구경북	2.09	1.074	
	강원충청전라제주	2.29	1.276	
코로나19로 인해 학교에 가는 게 약간은 겁난다	서울경기인천	2.08	1.103	4.196**
	부산울산경남	1.93	1.049	
	대구경북	1.79	.949	
	강원충청전라제주	1.89	1.024	

**$p<.01$, ***$p<.001$

3) 학교급에 따른 코로나19로 인한 개인적 변화 인식 차이

학교급에 따른 코로나19로 인한 개인적 변화에서 '친구들과 모임이 줄었다'는 기타홈스쿨링, 대안학교의 점수가 가장 높았고, 고등학생의 점수가 가장 낮았다. '코로나19로 인해 우울감이 들었다'는 고등학생의 점수가 가장 높았고, 중학생의 점수가 가장 낮았다. '코로나19로 인해 학교에 가는 게 약간은 겁난다'는 고등학생의 점수가 가장 높았고, 기타홈스쿨링, 대안학교의 점수가 가장 낮았다. 그러나 '혼자 있는 시간이 많아졌다'와 '가족들과 대화가 많아졌다'는 학교급에 따른 차이가 없었다. 학교급에 따른 코로나19로 인한 개인적 변화 인식 차이는 <표 3-4>와 같다.

<표 3-4> 학교급에 따른 코로나19로 인한 개인적 변화 인식 차이

(단위: 점(5점 척도))

구분		평균	표준편차	t
혼자 있는 시간이 많아졌다	중학교	3.41	1.115	1.508
	고등학교	3.50	1.137	
	기타(홈스쿨링, 대안학교)	3.34	1.321	
가족들과 대화가 많아졌다	중학교	3.56	.926	1.087
	고등학교	3.50	.920	
	기타(홈스쿨링, 대안학교)	3.47	.935	
친구들과 모임이 줄어들었다	중학교	3.56	1.131	3.157*
	고등학교	3.54	1.066	
	기타(홈스쿨링, 대안학교)	3.92	1.039	
코로나19로 인해 우울감이 들었다	중학교	2.09	1.118	11.002***
	고등학교	2.35	1.232	
	기타(홈스쿨링, 대안학교)	2.32	1.306	
코로나19로 인해 학교에 가는 게 약간은 겁난다	중학교	1.93	1.039	3.775*
	고등학교	1.99	1.068	
	기타(홈스쿨링, 대안학교)	1.61	.891	

*$p<.05$, ***$p<.001$

(3) 코로나19로 인해 어려운 점

청소년들이 인식하는 코로나19로 인한 어려운 점은 1순위로 '학업에 소홀해졌다공부가 잘 되지 않는다'가 20.5%로 가장 많았으며, 다음으로 '미디어 사용이 증가하였다'(19.2%), '생활이 불규칙해졌다'(18.9%), '외출하기 어려워졌다'(18.3%) 등의 순이었다. 1순위+2순위는 '미디어 사용이 증가하였다'가 42%로 가장 많았으며, 다음으로 '생활이 불규칙해졌다'(39.2%), '학업에 소홀해졌다공부가 잘 되지 않는다'(36.2%), '외출하기 어려워졌다'(34.9%) 등의 순이었다.

1순위를 구체적으로 살펴보면, 성별로는 남자는 '생활이 불규칙해졌다'(20.1%)가 가장 많고, 여자는 '학업에 소홀해졌다공부가 잘 되지 않는다'(21.9%)가 가장 많았다. 학교 소재지별로는 모든 지역에서 '학업에 소홀해졌다공부가 잘 되지 않는다'가 가장 많았다. 학교급별로는 중학생은 '미디어 사용이 증가하였다'(20.6%), 고등학생은 '학업에 소홀해졌다공부가 잘 되지 않는다'(24.3%), 기타홈스쿨링, 대안학교는 '친구와 자주 만나지 못한다'(25.4%)가 가장 많았다. 청소년들의 코로나19로 인한 어려운 점은 [그림 3-3]과 같으며, 개인적 배경별 코로나19로 인한 어려운 점은 <표 3-5>와 같다.

[그림 3-3] 코로나19로 인해 어려운 점

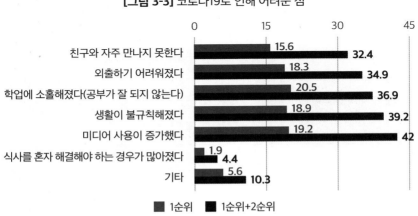

<표 3-5> 개인적 배경별 코로나19로 인해 어려운 점

(단위: %, 1순위(1순위+2순위))

구분		A	B	C	D	E	F	G
전체		15.6(32.4)	18.3(34.9)	20.5(36.9)	18.9(39.2)	19.2(42.0)	1.9(4.4)	5.6(10.3)
성별	남자	16.7(35.1)	17.2(32.8)	18.9(34.2)	20.1(40.5)	18.2(40.5)	2.1(4.6)	6.7(12.4)
	여자	14.5(29.8)	19.3(36.8)	21.9(39.3)	17.8(38.1)	20(43.3)	1.8(4.2)	4.7(8.5)
학교 소재지	서울경기 인천	16(36.5)	17.5(32.3)	20.9(36.7)	19.7(40.1)	17.5(39.4)	2.2(5.4)	6.2(9.6)
	부산울산 경남	15.7(31.0)	18.4(35.7)	20.2(37.2)	19.2(38.4)	19.2(41.9)	1.8(4.3)	5.5(11.5)
	대구경북	15.1(30.2)	21.3(36.0)	20.9(36.9)	17.8(40.9)	17.3(44.9)	2.2(3.6)	5.3(7.6)
	강원충청 전라제주	14.4(32.9)	15(34.7)	20.4(35.3)	17.4(39.5)	25.7(44.3)	1.8(3.6)	5.4(9.6)
학교급	중학교	19.2(36.5)	16.8(34.2)	17.4(33.8)	18.6(38.6)	20.6(41.2)	2.2(5.5)	5.1(10.3)
	고등학교	11.2(27.1)	19.3(34.6)	24.3(41.1)	19.8(41.0)	18(43.3)	1.5(3.1)	5.8(9.9)
	기타 (홈스쿨링, 대안학교)	25.4(47.5)	23.7(49.2)	10.2(20.3)	11.9(23.7)	15.3(33.9)	3.4(6.8)	10.2(18.6)

주, A: 친구와 자주 만나지 못한다, B: 외출하기 어려워졌다, C: 학업에 소홀해졌다(공부가 잘 되지 않는다), D: 생활이 불규칙해졌다, E: 미디어(스마트폰, TV, PC/노트북 등) 사용이 증가하였다, F: 식사를 혼자 해결해야 하는 경우가 많아졌다, G: 기타

(4) 코로나19로 인해 좋아진 점

청소년들이 인식하는 코로나19로 인해 좋아진 점은 1순위로 '자기를 성찰할 기회가 되었다'가 24.4%로 가장 많았으며, 다음으로 '개인적으로 공부할 시간이 많아졌다'(16.6%), '다양한 정보를 습득할 기회가 많아졌다'(14.3%) 등의 순이었다. 1순위+2순위는 '자기를 성찰할 기회가 되었다'가 43.2%로 가장 많았으며, 다음으로 '다양한 정보를 습득할 기회가 많아졌다'(32.9%), '개인

적으로 공부할 시간이 많아졌다'(30.4%), '가족과의 대화가 많아졌다'(25.5%) 등의 순이었다.

1순위를 구체적으로 살펴보면, 성별로는 남자와 여자 모두 '자기를 성찰할 기회가 되었다'가 가장 많았다. 학교 소재지별로는 모든 지역에서 '자기를 성찰할 기회가 되었다'가 가장 많았다. 학교급별로는 중학생과 고등학생은 '자기를 성찰할 기회가 되었다'가 가장 많았으며, 기타홈스쿨링, 대안학교는 '다양한 정보를 습득할 기회가 많아졌다'가 가장 많았다. 청소년들이 인식하는 코로나19로 인해 좋아진 점은 [그림 3-4]와 같으며, 개인적 배경별 코로나19로 인해 좋아진 점은 <표 3-6>과 같다.

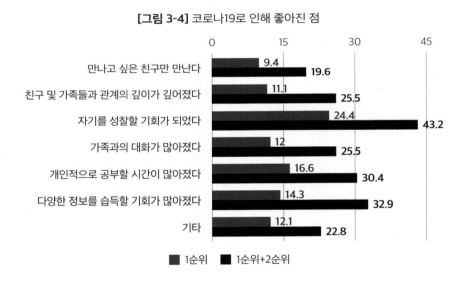

[그림 3-4] 코로나19로 인해 좋아진 점

<표 3-6> 개인적 배경별 코로나19로 인해 좋아진 점

(단위: %, 1순위(1순위+2순위))

구분		A	B	C	D	E	F	G
전체		9.4(10.2)	11.1(14.4)	24.4(18.8)	12(13.5)	16.6(13.8)	14.3(18.6)	12.1(10.7)
성별	남자	8.8(17.8)	11.4(24.7)	24.9(43.8)	11.6(26.9)	14.1(27.9)	16.5(36.1)	12.6(22.8)
	여자	10(21.4)	10.9(26.2)	23.9(42.6)	12.4(24.3)	18.9(32.8)	12.3(29.9)	11.6(22.8)
학교 소재지	서울경기 인천	11.8(23.2)	6.9(20.0)	25.9(45.8)	13.3(26.4)	20.4(34.5)	11.6(31.5)	10.1(18.7)
	부산울산 경남	9.1(18.2)	12.7(28.0)	24(42.1)	11.8(27.3)	14.7(28.0)	14.7(32.0)	13.1(24.4)
	대구경북	7.6(18.2)	12(28.0)	22.7(42.2)	13.3(23.1)	17.8(28.9)	15.1(36.4)	11.6(23.1)
	강원충청 전라제주	7.8(21.0)	11.4(21.6)	25.7(44.3)	8.4(16.8)	16.8(36.5)	18(36.5)	12(23.4)
학교급	중학교	10.4(20.4)	11(26.1)	18.5(36.6)	14.5(28.5)	14.5(28.3)	16.8(34.7)	14.3(25.4)
	고등학교	8.6(19.7)	11.4(25.4)	30.4(49.7)	9.5(22.4)	17.9(31.2)	12(31.3)	10.1(20.3)
	기타 (홈스쿨링, 대안학교)	6.8(8.5)	8.5(18.6)	25.4(45.8)	11.9(27.1)	28.8(49.2)	10.2(28.8)	8.5(22.0)

주, A: 만나고 싶은 친구만 만난다, B: 친구 및 가족들과 관계의 깊이가 깊어졌다, C: 자기를 성찰할 기회가 되었다, D: 가족과의 대화가 많아졌다, E: 개인적으로 공부할 시간이 많아졌다, F: 다양한 정보를 습득할 기회가 많아졌다, G: 기타

(5) 코로나19 이전과 이후의 평균수면 시간

청소년들의 코로나19 이전과 이후의 평균수면 시간을 살펴보면, '5~6시간 미만', '6~7시간 미만', '7~8시간 미만'에서는 코로나19 이후의 비율이 코로나19 이전보다 낮았으며, '4시간 미만', '4~5시간 미만', '8시간 이상'에서는 코로나19 이후의 비율이 코로나19 이전보다 높았다. 청소년들의 6시간 이상의 수면비율은 코로나19 이후로 증가한 것으로 나타났다.

구체적으로 살펴보면, 성별로 6시간 이상 수면 비율은 남자는 코로나19 이전(75.9%)에 비해 코로나19 이후(73.2%) 감소하였으며, 여자는 코로나19 이전 (67.4%)에 비해 코로나19 이후(71.2%) 증가하였다. 학교 소재지별로 6시간 이상 수면 비율은 서울·경기·인천 지역은 코로나19 이전(70.0%)에 비해 코로나19 이후(73.6%) 증가하였고, 부산·울산·경남 지역도 코로나19 이전(73.4%)에 비해 코로나19 이후(73.7%) 증가하였다. 반면, 대구·경북 지역은 코로나19 이전(69.8%)에 비해 코로나19 이후(67.6%) 감소하였고, 강원·충청·전라·제주 지역도 코로나19 이전(67.1%)에 비해 코로나19 이후(65.9%) 감소하였다. 학교급별로 6시간 이상 수면 비율은 중학생은 코로나19 이전(86.0%)에 비해 코로나19 이후(82.0%) 감소하였으며, 기타홈스쿨링, 대안학교도 코로나19 이전(72.9%)에 비해 코로나19 이후(69.5%) 감소하였다. 반면, 고등학생은 코로나19 이전(56.7%)에 비해 코로나19 이후(62.3%) 증가하였다. 청소년들의 코로나19 이전과 이후의 평균수면 시간은 [그림 3-5]와 같으며, 개인적 배경별 코로나19 이전과 이후의 평균수면 시간은 <표 3-7>과 같다.

[그림 3-5] 코로나19 이전과 이후의 평균수면 시간

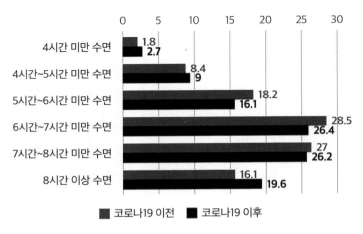

	코로나19 이전	코로나19 이후
4시간 미만 수면	1.8	2.7
4시간~5시간 미만 수면	8.4	9
5시간~6시간 미만 수면	18.2	16.1
6시간~7시간 미만 수면	28.5	26.4
7시간~8시간 미만 수면	27	26.2
8시간 이상 수면	16.1	19.6

(단위: %, 코로나19 이전(코로나19 이후))

구분		4시간 미만 수면	4~5시간 미만 수면	5~6시간 미만 수면	6~7시간 미만 수면	7~8시간 미만 수면	8시간 이상 수면
전체		1.8(2.7)	8.4(9.0)	18.2(16.1)	28.5(26.4)	27(26.2)	16.1(19.6)
성별	남자	1.3(2.9)	6.9(7.6)	15.9(16.2)	28.2(26.1)	28.6(25.9)	19.1(21.2)
	여자	2.3(2.5)	9.9(10.2)	20.4(16.1)	28.7(26.7)	25.5(26.5)	13.3(18.1)
학교 소재지	서울경기 인천	1.2(3.4)	7.9(7.9)	20.9(15.0)	26.8(24.9)	29.1(29.6)	14(19.2)
	부산울산 경남	2(2.5)	7.6(8.3)	17(15.5)	28.7(26.7)	27.9(26.9)	16.9(20.1)
	대구경북	0.9(1.8)	11.6(14.7)	17.8(16.0)	28.4(28.4)	21.8(21.8)	19.6(17.3)
	강원충청 전라제주	3.6(3.6)	10.2(7.8)	19.2(22.8)	31.1(25.7)	24(19.8)	12(20.4)
학교급	중학교	1.4(2.5)	3(4.4)	9.6(11.1)	24.4(24.7)	36.8(32.5)	24.7(24.8)
	고등학교	2(3.1)	14.4(13.5)	26.8(21.1)	33.1(29.1)	16.8(19.3)	6.8(13.9)
	기타 (홈스쿨링, 대안학교)	5.1(1.7)	1.7(10.2)	20.3(18.6)	20.3(13.6)	28.8(32.2)	23.7(23.7)

(6) 코로나19 이전과 이후의 스마트폰 사용 시간

청소년들의 코로나19 이전과 이후의 평균수면 시간을 살펴보면, '1시간 이하'와 '1~3시간'은 코로나19 이후의 비율이 코로나19 이전보다 낮았으며, '4~6시간'과 '7시간 이상'에서는 코로나19 이후의 비율이 코로나19 이전보다 높았다. 청소년들의 스마트폰 사용 시간은 코로나19 이후로 증가한 것으로 나타났다.

구체적으로 살펴보면, 성별로 4시간 이상 스마트폰 사용 비율은 남자는 코로나19 이전(21.8%)에 비해 코로나19 이후(29.4%) 증가하였으며, 여자도 코로나19 이전(26.4%)에 비해 코로나19 이후(39.8%) 증가하였다. 학교 소재지별로 4시간 이상 스마트폰 사용 비율은 서울·경기·인천 지역은 코로나19 이전(23.4%)에 비해 코로나19 이후(34.5%) 증가하였고, 부산·울산·경남 지역도 코로나19 이전(25.0%)에 비해 코로나19 이후(36.1%) 증가하였다. 대구·경북 지역도 코로나19 이전(21.3%)에 비해 코로나19 이후(28.0%) 증가하였고, 강원·충청·전라·제주 지역도 코로나19 이전(24.6%)에 비해 코로나19 이후(36.5%) 증가하였다. 학교급별로 4시간 이상 스마트폰 사용 비율은 중학생은 코로나19 이전(26.3%)에 비해 코로나19 이후(37.5%) 증가하였으며, 고등학생도 코로나19 이전(22.3%)에 비해 코로나19 이후(33.1%) 증가하였다. 반면, 기타홈스쿨링, 대안학교는 코로나19 이전(18.6%)에 비해 코로나19 이후(16.9%) 감소하였다. 청소년들의 코로나19 이전과 이후의 스마트폰 사용 시간은 [그림 3-6]과 같으며, 개인적 배경별 코로나19 이전과 이후의 스마트폰 사용 시간은 <표 3-8>과 같다.

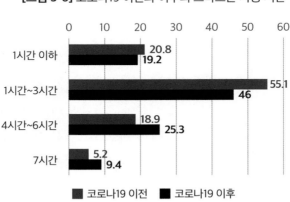

[그림 3-6] 코로나19 이전과 이후의 스마트폰 사용 시간

구분	코로나19 이전	코로나19 이후
1시간 이하	20.8	19.2
1시간~3시간	55.1	46
4시간~6시간	18.9	25.3
7시간	5.2	9.4

<표 3-8> 개인적 배경별 코로나19 이전과 이후의 스마트폰 사용 시간

(단위: %, 코로나19 이전(코로나19 이후))

구분		1시간 이하	1~3시간	4~6시간	7시간 이상
전체		20.8(19.2)	55.1(46.0)	18.9(25.3)	5.2(9.4)
성별	남자	21.8(20.9)	56.5(49.6)	17.3(22.2)	4.5(7.2)
	여자	19.8(17.6)	53.8(42.6)	20.5(28.2)	5.9(11.5)
학교 소재지	서울경기인천	24.1(25.1)	52.5(40.4)	16.3(25.4)	7.1(9.1)
	부산울산경남	19.8(17.3)	55.2(46.6)	20.1(26.3)	4.9(9.8)
	대구경북	17.8(14.2)	60.9(57.8)	18.2(20.4)	3.1(7.6)
	강원충청전라제주	22.2(22.8)	53.3(40.7)	19.8(26.3)	4.8(10.2)
학교급	중학교	18.8(17.5)	54.9(44.9)	21.1(28.0)	5.3(9.6)
	고등학교	21.1(19.1)	56.6(47.8)	17.2(23.5)	5.1(9.7)
	기타(홈스쿨링, 대안학교)	44.1(45.8)	37.3(37.3)	13.6(13.6)	5.1(3.4)

(7) 코로나19 이전과 이후의 TV 시청 시간

청소년들의 코로나19 이전과 이후의 TV 시청 시간을 살펴보면, '1시간 이하'는 코로나19 이후의 비율이 코로나19 이전보다 낮았으며, '1~3시간', '4~6시간', '7시간 이상'에서는 코로나19 이후의 비율이 코로나19 이전보다 높았다. 청소년들의 TV 시청 시간은 코로나19 이후로 증가한 것으로 나타났다.

구체적으로 살펴보면, 성별로 1시간 이상 TV 시청 시간 비율은 남자는 코로나19 이전(25.6%)에 비해 코로나19 이후(29.8%) 증가하였으며, 여자도 코로나19 이전(29.8%)에 비해 코로나19 이후(33.1%) 증가하였다. 학교 소재지별 1시간 이상 TV 시청 시간 비율은 서울·경기·인천 지역은 코로나19 이전(27.8%)에 비해 코로나19 이후(28.3%) 증가하였고, 부산·울산·경남 지역도 코로나19 이전(28.5%)에 비해 코로나19 이후(32.8%) 증가하였다. 대구·경북 지역도 코로나19 이전(24.4%)에 비해 코로나19 이후(31.6%) 증가하였고, 강원·충청·전라·제주 지역도 코로나19 이전(28.1%)에 비해 코로나19 이후(31.7%) 증가하였다. 학교급별로 1시간 이상 TV 시청 시간 비율은 중학생은 코로나19 이전(33.3%)에 비해 코로나19 이후(34.2%) 증가하였으며, 고등학생도 코로나19 이전(22.5%)에 비해 코로나19 이후(29.4%) 증가하였다. 반면, 기타홈스쿨링, 대안학교는 코로나19 이전(22.0%)과 코로나19 이후(22.0%)가 동일하였다. 청소년들의 코로나19 이전과 이후의 TV 시청 시간은 [그림 3-7]과 같으며, 개인적 배경별 TV 시청 시간은 <표 3-9>와 같다.

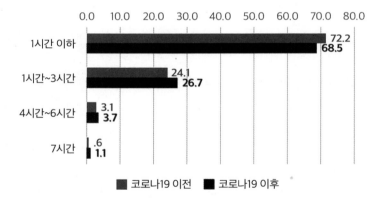

[그림 3-7] 코로나19 이전과 이후의 TV 시청 시간

<표 3-9> 개인적 배경별 코로나19 이전과 이후의 TV 시청 시간

(단위: %, 코로나19 이전(코로나19 이후))

구분		1시간 이하	1~3시간	4~6시간	7시간 이상
전체		72.2(68.5)	24.1(26.7)	3.1(3.7)	0.6(1.1)
성별	남자	74.4(70.2)	21.8(24.9)	3.1(3.3)	0.8(1.5)
	여자	70.2(66.9)	26.4(28.3)	3.1(4.1)	0.3(0.7)
학교 소재지	서울경기인천	72.2(71.7)	24.6(22.9)	2.7(4.4)	0.5(1.0)
	부산울산경남	71.5(67.2)	24.4(28.2)	3.5(3.5)	0.6(1.2)
	대구경북	75.6(68.4)	21.8(28.0)	2.2(2.7)	0.4(0.9)
	강원충청전라제주	71.9(68.3)	24.6(25.7)	3(4.8)	0.6(1.2)
학교급	중학교	66.7(65.8)	28.4(28.9)	4.2(4.0)	0.7(1.3)
	고등학교	77.5(70.6)	20.3(25.0)	1.8(3.7)	0.5(0.7)
	기타(홈스쿨링, 대안학교)	78(78.0)	16.9(18.6)	5.1(0.0)	0(3.4)

(8) 코로나19 이전과 이후의 동영상 스트리밍 사용 시간

청소년들의 코로나19 이전과 이후의 동영상 스트리밍 사용 시간을 살펴보면, '1시간 이하'와 '1~3시간'은 코로나19 이후의 비율이 코로나19 이전보다 낮았으며, '4~6시간'과 '7시간 이상'에서는 코로나19 이후의 비율이 코로나19 이전보다 높았다. 청소년들의 동영상 스트리밍 사용 시간은 코로나19 이후로 증가한 것으로 나타났다.

구체적으로 살펴보면, 성별로 4시간 이상 동영상 스트리밍 사용 비율은 남자는 코로나19 이전(20.7%)에 비해 코로나19 이후(27.1%) 증가하였으며, 여자도 코로나19 이전(17.1%)에 비해 코로나19 이후(31.0%) 증가하였다. 학교 소재지별로 4시간 이상 동영상 스트리밍 사용 비율은 서울·경기·인천 지역은 코로나19 이전(19.0%)에 비해 코로나19 이후(30.0%) 증가하였고, 부산·울산·경남 지역도 코로나19 이전(19.1%)에 비해 코로나19 이후(28.6%) 증가하였다. 대구·경북 지역도 코로나19 이전(17.8%)에 비해 코로나19 이후(30.2%) 증가하였고, 강원·충청·전라·제주 지역도 코로나19 이전(18.6%)에 비해 코로나19 이후(28.1%) 증가하였다. 학교급별로 4시간 이상 동영상 스트리밍 사용 비율은 중학생은 코로나19 이전(20.1%)에 비해 코로나19 이후(28.9%) 증가하였고, 고등학생도 코로나19 이전(18.1%)에 비해 코로나19 이후(29.9%) 증가하였으며, 기타홈스쿨링, 대안학교도 코로나19 이전(10.2%)에 비해 코로나19 이후(20.3%) 증가하였다. 청소년들의 코로나19 이전과 이후의 동영상 스트리밍 사용 시간은 [그림 3-8]과 같으며, 개인적 배경별 코로나19 이전과 이후의 동영상 스트리밍 사용 시간은 <표 3-10>과 같다.

[그림 3-8] 코로나19 이전과 이후의 동영상 스트리밍 사용 시간

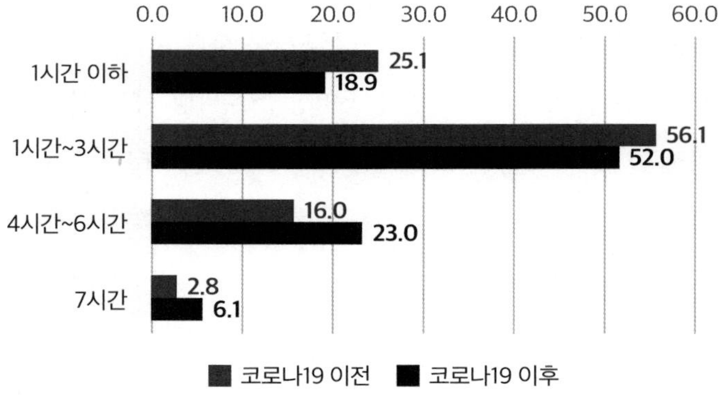

<표 3-10> 개인적 배경별 코로나19 이전과 이후의 동영상 스트리밍 사용 시간

(단위: %, 코로나19 이전(코로나19 이후))

구분		1시간 이하	1~3시간	4~6시간	7시간 이상
전체		25.1(18.9)	56.1(52.0)	16(23.0)	2.8(6.1)
성별	남자	25.1(19.4)	54.2(53.5)	16.9(20.1)	3.8(6.9)
	여자	25.1(18.4)	57.8(50.6)	15.2(25.7)	1.9(5.3)
학교 소재지	서울경기인천	25.9(21.2)	55.2(48.8)	15(24.1)	3.9(5.9)
	부산울산경남	25.2(19.0)	55.7(52.5)	16.5(22.7)	2.5(5.9)
	대구경북	23.1(12.9)	59.1(56.9)	14.7(23.6)	3.1(6.7)
	강원충청전라제주	25.1(21.0)	56.3(50.9)	17.4(21.0)	1.2(7.2)
학교급	중학교	27.7(21.6)	52.2(49.5)	16.4(22.6)	3.7(6.3)
	고등학교	21.9(15.5)	60(54.6)	16.2(23.8)	1.9(6.1)
	기타(홈스쿨링, 대안학교)	32.2(27.1)	57.6(52.5)	8.5(16.9)	1.7(3.4)

(9) 코로나19 이전과 이후의 PC/노트북 이용 시간

청소년들의 코로나19 이전과 이후의 PC/노트북 이용 시간을 살펴보면, '1시간 이하'는 코로나19 이후의 비율이 코로나19 이전보다 낮았으며, '1~3시간', '4~6시간', '7시간 이상'에서는 코로나19 이후의 비율이 코로나19 이전보다 높았다. 청소년들의 PC/노트북 이용 시간은 코로나19 이후로 증가한 것으로 나타났다.

구체적으로 살펴보면, 성별로 4시간 이상 PC/노트북 이용 비율은 남자는 코로나19 이전(13.9%)에 비해 코로나19 이후(26.2%) 증가하였으며, 여자도 코로나19 이전(5.6%)에 비해 코로나19 이후(15.5%) 증가하였다. 학교 소재지별로 4시간 이상 PC/노트북 이용 비율은 서울·경기·인천 지역은 코로나19 이전(11.1%)에 비해 코로나19 이후(26.6%) 증가하였고, 부산·울산·경남 지역도 코로나19 이전(9.2%)에 비해 코로나19 이후(18.7%) 증가하였다. 대구·경북 지역도 코로나19 이전(9.8%)에 비해 코로나19 이후(20.4%) 증가하였고, 강원·충청·전라·제주 지역도 코로나19 이전(8.4%)에 비해 코로나19 이후(18.0%) 증가하였다. 학교급별로 4시간 이상 PC/노트북 이용 비율은 중학생은 코로나19 이전(11.1%)에 비해 코로나19 이후(22.2%) 증가하였고, 고등학생도 코로나19 이전(7.7%)에 비해 코로나19 이후(19.1%) 증가하였으며, 기타홈스쿨링, 대안학교도 코로나19 이전(15.3%)에 비해 코로나19 이후(22.0%) 증가하였다. 청소년들의 코로나19 이전과 이후의 PC/노트북 이용 시간은 [그림 3-9]와 같으며, 개인적 배경별 코로나19 이전과 이후의 PC/노트북 이용 시간은 <표 3-11>과 같다.

[그림 3-9] 코로나19 이전과 이후의 PC/노트북 이용 시간

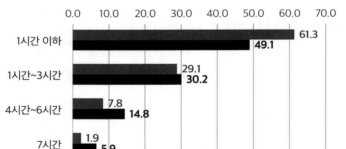

<표 3-11> 개인적 배경별 코로나19 이전과 이후의 pc/노트북 이용 시간

(단위: %, 코로나19 이전(코로나19 이후))

구분		1시간 이하	1~3시간	4~6시간	7시간 이상
전체		61.3(49.1)	29.1(30.2)	7.8(14.8)	1.9(5.9)
성별	남자	47.2(36.9)	38.9(36.8)	10.7(18.1)	3.2(8.1)
	여자	74.5(60.5)	19.8(24.0)	5(11.6)	0.7(3.9)
학교 소재지	서울경기인천	58.9(43.8)	30(29.6)	8.9(18.5)	2.2(8.1)
	부산울산경남	62.5(51.6)	28.3(29.6)	7.2(13.1)	2(5.7)
	대구경북	60.9(48.4)	29.3(31.1)	8.4(16.4)	1.3(4.0)
	강원충청전라제주	60.5(47.9)	31.1(34.1)	7.2(13.2)	1.2(4.8)
학교급	중학교	60.6(47.7)	28.3(30.1)	8.7(16.1)	2.5(6.1)
	고등학교	62(49.9)	30.3(31.0)	6.4(13.5)	1.3(5.6)
	기타(홈스쿨링, 대안학교)	61(55.9)	23.7(22.0)	13.6(13.6)	1.7(8.5)

(10) 코로나19 이전과 이후의 신체적 건강 상태

청소년들이 인식하는 코로나19 이전과 이후의 신체적 건강 상태는 5점 척도에 코로나19 이후가 3.76점으로 코로나19 이전의 3.92점에 비해 낮아진 것으로 나타났다. 즉, 청소년들은 코로나19 이후로 신체적 건강 상태가 나빠졌다고 인식하는 것으로 나타났다.

구체적으로 살펴보면, 성별로는 남자와 여자 모두 신체적 건강 상태가 코로나19 이후로 나빠졌다고 인식하였으며, 학교 소재지별로는 모든 지역에서 신체적 건강 상태가 코로나19 이후로 나빠졌다고 인식하였다. 학교급별로는 중학생과 고등학생은 신체적 건강 상태가 코로나19 이후로 나빠졌다고 인식하였으나, 기타홈스쿨링, 대안학교는 코로나19 이전과 이후 통계적으로 유의미한 차이가 없는 것으로 나타났다. 청소년들의 코로나19 이전과 이후의 신체적 건강 상태는 [그림 3-10]과 같으며, 개인적 배경별 코로나19 이전과 이후의 신체적 건강 상태 인식 차이는 <표 3-12>와 같다.

[그림 3-10] 코로나19 이전과 이후의 신체적 건강 상태

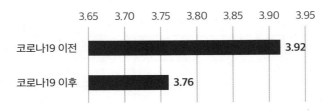

<표 3-12> 개인적 배경별 코로나19 이전과 이후의 신체적 건강 상태 인식 차이

(단위: 점(5점 척도))

구분		코로나19 이전	코로나19 이후	평균 차이	t
전체		3.92	3.76	-.154	-9.036***
성별	남자	3.96	3.87	-.094	-3.588***
	여자	3.88	3.68	-.210	-9.615***
학교 소재지	서울경기인천	3.80	3.58	-.217	-6.140***
	부산울산경남	3.98	3.85	-.134	-5.896***
	대구경북	3.93	3.79	-.142	-3.376**
	강원충청전라제주	3.70	3.83	-.132	-1.961
학교급	중학교	3.95	3.83	-.124	-5.189***
	고등학교	3.90	3.71	-.186	-7.690***
	기타(홈스쿨링, 대안학교)	3.73	3.59	-.136	-1.000

**p<.01, ***p<.001

(11) 코로나19 이전과 이후의 정신적 건강 상태

청소년들이 인식하는 코로나19 이전과 이후의 정신적 건강 상태는 5점 척도에 코로나19 이후가 3.76점으로 코로나19 이전의 3.93점에 비해 낮아진 것으로 나타났다. 즉, 청소년들은 코로나19 이후로 정신적 건강 상태가 나빠졌다고 인식하는 것으로 나타났다.

구체적으로 살펴보면, 성별로는 남자와 여자 모두 정신적 건강 상태가 코로나19 이후로 나빠졌다고 인식하였으며, 학교 소재지별로는 모든 지역에서 정신적 건강 상태가 코로나19 이후로 나빠졌다고 인식하였다. 학교급별로는 중학생과 고등학생은 정신적 건강 상태가 코로나19 이후로 나빠졌다고 인식하였으나, 기타홈스쿨링, 대안학교는 코로나19 이전과 이후 통계적으로 유의미한 차이가 없는 것으로 나타났다. 청소년들의 코로나19 이전과 이후의 정신적 건강 상태는 [그림 3-11]과 같으며, 개인적 배경별 코로나19 이전과 이후의 정신적 건강 상태 인식 차이는 <표 3-13>과 같다.

[그림 3-11] 코로나19 이전과 이후의 정신적 건강 상태

<표 3-13> 개인적 배경별 코로나19 이전과 이후의 정신적 건강 상태 인식 차이

(단위: 점(5점 척도))

구분		코로나19 이전	코로나19 이후	평균 차이	t
전체		3.93	3.76	-.162	-8.838***
성별	남자	3.99	3.88	-.116	-4.341***
	여자	3.86	3.66	-.205	-8.195***
학교 소재지	서울경기인천	3.79	3.54	-.249	-5.945***
	부산울산경남	3.98	3.83	-.147	-6.390***
	대구경북	3.98	3.90	-.080	-1.809
	강원충청전라제주	3.88	3.73	-.150	-1.963
학교급	중학교	4.02	3.85	-.166	-6.269***
	고등학교	3.85	3.70	-.157	-6.280***
	기타(홈스쿨링, 대안학교)	3.63	3.46	-.169	-1.120

***p<.001

2. 코로나19와 학교생활

(1) 코로나19로 인한 변화 인식

청소년들의 코로나19로 인한 변화에 대한 인식은 '온라인 도서관/서점 이용 증가'가 2.2점, '온라인 쇼핑 증가'가 2점으로 나타나 긍정적인 변화로 인식하는 것으로 나타났다. 그러나 '학교에서 온라인 강의 증가'(1.94점), '줌 ZOOM 등을 통한 화상 교육 증가'(1.87점), '온라인 종교활동 증가'(1.83점), '동아리 활동 및 기타 활동 감소'(1.78점), '친구 및 지인과의 모임 감소'(1.60점)는 부정적인 변화로 인식하는 것으로 나타났다. '긍정적인 변화'는 3점, '잘 모르겠다'는 2점, '부정적인 변화'는 1점으로 측정하였기에 2점 이상이면 긍정적인 변화로 인식한다고 볼 수 있으며, 2점 미만이면 부정적인 변화로 인식하고 있다고 볼 수 있다. 청소년들의 코로나19로 인한 변화에 대한 인식은 [그림 3-12]와 같다.

[그림 3-12] 코로나19로 인한 변화 인식

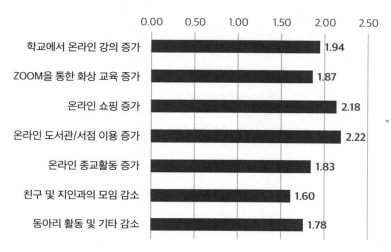

1) 성별에 따른 코로나19로 인한 변화 인식 차이

성별에 따른 코로나19로 인한 변화에 대한 인식에서 '학교에서 온라인 강의 증가'는 남자가 여자보다 더 긍정적으로 인식하였으며, 그 외 코로나19로 인한 변화 인식에는 차이가 없었다. 성별에 따른 코로나19로 인한 변화 인식 차이는 <표 3-14>와 같다.

<표 3-14> 성별에 따른 코로나19로 인한 변화 인식 차이

(단위: 점(3점 척도))

구분		평균	표준편차	t
학교에서 온라인 강의 증가	남자	1.98	.752	1.970*
	여자	1.91	.748	
줌(ZOOM) 등을 통한 화상 교육 증가	남자	1.89	.701	1.035
	여자	1.85	.688	
온라인 쇼핑 증가	남자	2.20	.607	1.020
	여자	2.17	.640	
온라인 도서관/서점 이용 증가	남자	2.21	.632	-1.097
	여자	2.24	.636	
온라인 종교활동 증가	남자	1.86	.710	1.546
	여자	1.81	.716	
친구 및 지인과의 모임 감소	남자	1.60	.654	.347
	여자	1.59	.687	
동아리 활동 및 기타 활동 감소	남자	1.81	.656	1.937
	여자	1.75	.639	

*$p < .05$

2) 학교 소재지에 따른 코로나19로 인한 변화 인식 차이

학교 소재지에 따른 코로나19로 인한 변화 인식에서 '온라인 쇼핑 증가'는 강원·충청·전라·제주 지역의 점수가 가장 높았고, 서울·경기·인천 지역의 점수가 가장 낮았다. '친구 및 지인과의 모임 감소'는 강원·충청·전라·제주 지역의 점수가 가장 높았고, 대구·경북 지역의 점수가 가장 낮았다. 그 외는 학교 소재지에 따른 차이가 없었다. 학교 소재지에 따른 코로나19로 인한 변화 인식 차이는 <표 3-15>와 같다.

<표 3-15> 학교 소재지에 따른 코로나19로 인한 변화 인식 차이

(단위: 점(3점 척도))

구분		평균	표준편차	t
학교에서 온라인 강의 증가	서울경기인천	1.94	.750	.581
	부산울산경남	1.94	.758	
	대구경북	1.89	.724	
	강원충청전라제주	1.99	.748	
줌(ZOOM) 등을 통한 화상 교육 증가	서울경기인천	1.89	.720	2.252
	부산울산경남	1.86	.690	
	대구경북	1.80	.668	
	강원충청전라제주	1.98	.685	
온라인 쇼핑 증가	서울경기인천	2.19	.613	6.320***
	부산울산경남	2.16	.630	
	대구경북	2.12	.589	
	강원충청전라제주	2.37	.635	
온라인 도서관/서점 이용 증가	서울경기인천	2.20	.635	1.249
	부산울산경남	2.22	.631	
	대구경북	2.21	.633	
	강원충청전라제주	2.31	.648	

온라인 종교활동 증가	서울경기인천	1.76	.692	2.581
	부산울산경남	1.84	.711	
	대구경북	1.84	.712	
	강원충청전라제주	1.93	.769	
친구 및 지인과의 모임 감소	서울경기인천	1.54	.665	3.337*
	부산울산경남	1.62	.676	
	대구경북	1.53	.612	
	강원충청전라제주	1.69	.717	
동아리 활동 및 기타 활동 감소	서울경기인천	1.73	.638	3.062*
	부산울산경남	1.80	.655	
	대구경북	1.72	.616	
	강원충청전라제주	1.87	.660	

*$p<.05$, ***$p<.001$

3) 학교급에 따른 코로나19로 인한 변화 인식 차이

학교급에 따른 코로나19로 인한 변화 인식에서 '온라인 종교활동 증가'는 중학생의 점수가 가장 높았고, 기타홈스쿨링, 대안학교의 점수가 가장 낮았다. '동아리 활동 및 기타 활동 감소'는 중학생이 가장 높았고, 고등학생과 기타홈스쿨링, 대안학교의 점수가 낮았다. 학교급에 따른 코로나19로 인한 변화 인식 차이는 <표 3-16>과 같다.

<표 3-16> 학교급에 따른 코로나19로 인한 변화 인식 차이

(단위: 점(3점 척도))

구분		평균	표준편차	t
학교에서 온라인 강의 증가	중학교	1.95	.730	.337
	고등학교	1.93	.779	
	기타(홈스쿨링, 대안학교)	1.88	.618	
줌(ZOOM) 등을 통한 화상 교육 증가	중학교	1.87	.669	.049
	고등학교	1.86	.722	
	기타(홈스쿨링, 대안학교)	1.88	.672	
온라인 쇼핑 증가	중학교	2.17	.609	1.681
	고등학교	2.20	.637	
	기타(홈스쿨링, 대안학교)	2.05	.655	
온라인 도서관/서점 이용 증가	중학교	2.24	.608	2.258
	고등학교	2.22	.657	
	기타(홈스쿨링, 대안학교)	2.07	.666	
온라인 종교활동 증가	중학교	1.89	.693	8.003***
	고등학교	1.79	.724	
	기타(홈스쿨링, 대안학교)	1.61	.766	
친구 및 지인과의 모임 감소	중학교	1.60	.675	.126
	고등학교	1.60	.668	
	기타(홈스쿨링, 대안학교)	1.56	.676	
동아리 활동 및 기타 활동 감소	중학교	1.84	.644	5.620**
	고등학교	1.73	.652	
	기타(홈스쿨링, 대안학교)	1.73	.582	

$**p<.01, ***p<.001$

(2) 1학기 학교 등교 주기

청소년들의 코로나19 이후 1학기 학교 등교 주기로는 '격주마다'가 48.2%로 가장 많았고, 다음으로 일주일에 5일매일 등교이 31.7%, '3주마다'가 7.0%, '일주일에 3일'이 5.3% 등의 순으로 나타났다.

개인적 배경별로 살펴보면, 성별로는 차이가 없었으며, 학교 소재지별로는 서울·경기·인천 지역은 '격주마다'가 가장 많고, 다음으로 '3주마다', '일주일에 5일' 등의 순이었고, 부산·울산·경남 지역과 대구·경북 지역은 '격주마다'가 가장 높고, 다음으로 '일주일에 5일', '일주일에 3일' 등의 순이었으며, 강원·충청·전라·제주 지역은 '일주일에 5일'이 가장 많았고, 다음으로 '격주마다', '일주일에 3일' 등의 순이었다. 청소년들의 코로나19 이후 1학기 학교 등교 주기는 [그림 3-13]과 같으며, 개인적 배경별 코로나19 이후 1학기 학교 등교 주기는 <표 3-17>과 같다.

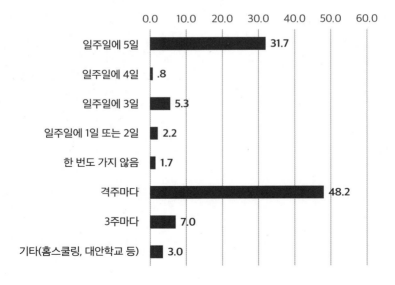

[그림 3-13] 1학기 학교 등교 주기

<표 3-17> 개인적 배경별 1학기 학교 등교 주기

(단위: %)

구분		일주일에 5일	일주일에 4일	일주일에 3일	일주일에 1일 또는 2일	한 번도 가지 않음	격주 마다	3주 마다	기타
전체		31.7	0.8	5.3	2.2	1.7	48.2	7.0	3.0
성별	남자	34.9	0.5	5.6	2.5	2.2	44.5	6.5	3.3
	여자	28.7	1.1	5.0	2.0	1.2	51.7	7.5	2.8
학교 소재지	서울경기인천	18.2	0.5	4.9	3.4	1.2	47.5	19.7	4.4
	부산울산경남	34.7	0.7	4.4	1.5	1.7	52.4	2.8	1.9
	대구경북	38.7	1.3	8.0	0.9	1.8	44.0	2.2	3.1
	강원충청 전라제주	38.3	1.2	7.8	5.4	3.0	31.7	6.6	6.0
학교급	중학교	24.4	0.8	6.4	3.3	1.8	48.3	13.7	1.3
	고등학교	39.9	0.7	4.4	1.0	1.5	51.1	0.6	0.7
	기타(홈스쿨링, 대안학교)	20.3	1.7	1.7	5.1	3.4	5.1	1.7	61.0

(3) 온라인 수업에 대한 평가

청소년들의 온라인 수업에 대한 평가에서 '선생님은 수업 준비를 잘하시는 것 같다'가 3.25점로 가장 높았고, 다음으로 '전체적으로 온라인 수업에 만족한다'(2.78점), '선생님은 교실수업보다 설명을 더 잘 해주신다'(2.25점), '교실수업보다 학습효과가 더 있다'(2.12점), '교실수업보다 집중이 잘 된다'(2.11점)의 순이었다. 청소년들의 온라인 수업에 대한 평가는 전반적으로 부정적인 것으로 나타났다. 청소년들의 온라인 수업에 대한 평가는 [그림 3-14]와 같다.

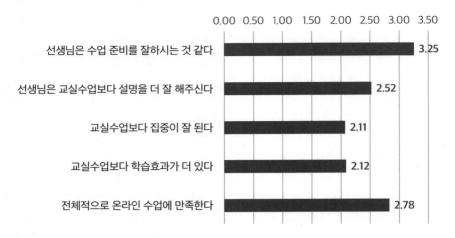

[그림 3-14] 온라인 수업에 대한 평가

선생님은 수업 준비를 잘하시는 것 같다	3.25
선생님은 교실수업보다 설명을 더 잘 해주신다	2.52
교실수업보다 집중이 잘 된다	2.11
교실수업보다 학습효과가 더 있다	2.12
전체적으로 온라인 수업에 만족한다	2.78

1) 성별에 따른 온라인 수업에 대한 평가 차이

성별에 따른 온라인 수업에 대한 평가 차이를 살펴보면, '교실수업보다 집중이 잘 된다', '교실수업보다 학습효과가 더 있다', '전체적으로 온라인 수업에 만족한다'에서 남자가 여자보다 점수가 더 높았다. 그러나 '선생님은 수업 준비를 잘하시는 것 같다'와 '선생님은 교실수업보다 설명을 더 잘 해주신다'에서는 성별로 통계적으로 유의미한 차이가 없는 것으로 나타났다. 성별에 따른 온라인 수업에 대한 평가 차이는 <표 3-18>과 같다.

<표 3-18> 성별에 따른 온라인 수업에 대한 평가 차이

(단위: 점(5점 척도))

구분		평균	표준편차	t
선생님은 수업 준비를 잘하시는 것 같다	남자	3.26	1.118	.255
	여자	3.24	1.014	
선생님은 교실수업보다 설명을 더 잘 해주신다	남자	2.55	1.113	1.185
	여자	2.49	.983	
교실수업보다 집중이 잘 된다	남자	2.25	1.277	1.181***
	여자	1.99	1.127	
교실수업보다 학습효과가 더 있다	남자	2.20	1.208	4.393**
	여자	2.04	1.088	
전체적으로 온라인 수업에 만족한다	남자	2.85	1.304	4.377*
	여자	2.72	1.181	

*p<.05, **p<.01, ***p<.001

2) 학교 소재지에 따른 온라인 수업에 대한 평가 차이

학교 소재지에 따른 온라인 수업에 대한 평가 차이를 살펴보면, 모든 영역에서 학교 소재지별로 통계적으로 유의미한 차이가 없는 것으로 나타났다. 학교 소재지에 따른 온라인 수업에 대한 평가 차이는 <표 3-19>와 같다.

<표 3-19> 학교 소재지에 따른 온라인 수업에 대한 평가 차이

(단위: 점(5점 척도))

구분		평균	표준편차	t
선생님은 수업 준비를 잘하시는 것 같다	서울경기인천	3.24	1.061	.332
	부산울산경남	3.27	1.078	
	대구경북	3.19	1.040	
	강원충청전라제주	3.26	1.046	
선생님은 교실수업보다 설명을 더 잘 해주신다	서울경기인천	2.47	1.013	.928
	부산울산경남	2.55	1.077	
	대구경북	2.44	.977	
	강원충청전라제주	2.55	1.059	
교실수업보다 집중이 잘 된다	서울경기인천	2.06	1.209	.411
	부산울산경남	2.13	1.227	
	대구경북	2.12	1.129	
	강원충청전라제주	2.13	1.212	
교실수업보다 학습효과가 더 있다	서울경기인천	2.09	1.143	.461
	부산울산경남	2.11	1.166	
	대구경북	2.16	1.097	
	강원충청전라제주	2.19	1.150	
전체적으로 온라인 수업에 만족한다	서울경기인천	2.78	1.178	.605
	부산울산경남	2.77	1.289	
	대구경북	2.75	1.166	
	강원충청전라제주	2.91	1.237	

3) 학교급에 따른 온라인 수업에 대한 평가 차이

학교급에 따른 온라인 수업에 대한 평가 차이를 살펴보면, '선생님은 수업 준비를 잘하시는 것 같다'와 '선생님은 교실수업보다 설명을 더 잘 해주신다' 에서 기타홈스쿨링, 대안학교의 점수가 가장 높았고, 고등학생의 점수가 가장 낮았다. 그러나 '교실수업보다 집중이 잘 된다', '교실수업보다 학습효과가 더 있다', '전체적으로 온라인 수업에 만족한다'에서는 학교급에 따라 통계적으로 유의미한 차이가 없는 것으로 나타났다. 학교급에 따른 온라인 수업에 대한 평가 차이는 <표 3-20>과 같다.

<표 3-20> 학교급에 따른 온라인 수업에 대한 평가 차이

(단위: 점(5점 척도))

구분		평균	표준편차	t
선생님은 수업 준비를 잘하시는 것 같다	중학교	3.46	1.004	39.350***
	고등학교	3.02	1.079	
	기타(홈스쿨링, 대안학교)	3.66	1.078	
선생님은 교실수업보다 설명을 더 잘 해주신다	중학교	2.59	1.030	9.112***
	고등학교	2.42	1.059	
	기타(홈스쿨링, 대안학교)	3.03	.981	
교실수업보다 집중이 잘 된다	중학교	2.13	1.193	2.380
	고등학교	2.08	1.218	
	기타(홈스쿨링, 대안학교)	2.55	1.352	
교실수업보다 학습효과가 더 있다	중학교	2.10	1.136	1.306
	고등학교	2.12	1.161	
	기타(홈스쿨링, 대안학교)	2.45	1.213	
전체적으로 온라인 수업에 만족한다	중학교	2.85	1.218	2.398
	고등학교	2.73	1.268	
	기타(홈스쿨링, 대안학교)	2.55	1.183	

***p<.001

3. 코로나19와 신앙생활

(1) 코로나19로 인한 신앙적 변화 인식

청소년들의 코로나19로 인한 신앙적 변화 인식에서 '친구나 가족과 신앙과 관련된 이야기가 늘어났다'가 5점 척도에 2.88점로 가장 높았고, 다음으로 '기도하는 시간이 늘어났다'(2.73점), '성경 읽는 시간이 늘어났다'(2.69점), '교실 수업보다 학습효과가 더 있다'(2.12점), '기독교 서적 읽기가 늘어났다'(2.46점)의 순이었다. 청소년들의 코로나19로 인한 신앙적 변화에 대한 질문에는 전반적으로 부정적인 것으로 응답하였다. 청소년들의 코로나19로 인한 신앙적 변화 인식은 [그림 3-15]와 같다.

[그림 3-15] 코로나19로 인한 신앙적 변화

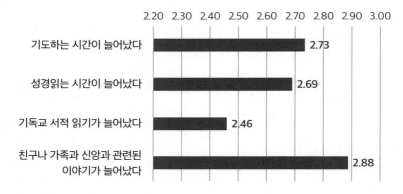

개인적인 배경별로 코로나19로 인한 신앙적 변화 인식에 차이가 있는지를 자세하게 파악하기 위해 성별, 학교 소재지별, 학교급별 뿐만 아니라 청소년부 인원별, Teen SFC 활동 여부별을 추가 분석하였다.

1) 성별에 따른 신앙적 변화 인식 차이

성별에 따른 신앙적 변화 인식 차이를 살펴보면, '기도하는 시간이 늘어났다', '성경 읽는 시간이 늘어났다', '기독교 서적 읽기가 늘어났다'에서 남자가 여자보다 점수가 높은 것으로 나타났다. 그러나 '친구나 가족과 신앙과 관련된 이야기가 늘어났다'는 성별로 통계적으로 유의미한 차이가 없는 것으로 나타났다. 성별에 따른 신앙적 변화 인식 차이는 <표 3-21>과 같다.

<표 3-21> 성별에 따른 신앙적 변화 인식 차이

(단위: 점(5점 척도))

구분		평균	표준편차	t
기도하는 시간이 늘어났다	남자	2.78	.991	2.098*
	여자	2.69	.945	
성경 읽는 시간이 늘어났다	남자	2.77	1.024	3.264**
	여자	2.61	.988	
기독교 서적 읽기가 늘어났다	남자	2.56	1.003	3.924***
	여자	2.38	.899	
친구나 가족과 신앙과 관련된 이야기가 늘어났다	남자	2.87	1.054	-.146
	여자	2.88	1.060	

*$p < .05$, **$p < .01$, ***$p < .001$

2) 학교 소재지에 따른 신앙적 변화 인식 차이

학교 소재지에 따른 신앙적 변화 인식 차이를 살펴보면, '성경 읽는 시간이 늘어났다'와 '기독교 서적 읽기가 늘어났다'는 부산·울산·경남 지역의 점수가 가장 높았고, 서울·경기·인천 지역의 점수가 가장 낮았다. '친구나 가족과 신앙과 관련된 이야기가 늘어났다'는 부산·울산·경남 지역의 점수가 가장 높았고, 강원·충청·전라·제주 지역의 점수가 가장 낮았다. 그러나 '기도하는 시간이 늘어났다'는 학교 소재지별로 통계적으로 유의미한 차이가 없는 것으로 나타났다. 학교 소재지에 따른 신앙적 변화 인식 차이는 <표 3-22>와 같다.

<표 3-22> 학교 소재지에 따른 신앙적 변화 인식 차이

(단위: 점(5점 척도))

구분		평균	표준편차	t
기도하는 시간이 늘어났다	서울경기인천	2.67	.915	1.678
	부산울산경남	2.78	.995	
	대구경북	2.70	.884	
	강원충청전라제주	2.66	1.040	
성경 읽는 시간이 늘어났다	서울경기인천	2.57	.998	3.675*
	부산울산경남	2.75	1.018	
	대구경북	2.72	.918	
	강원충청전라제주	2.59	1.066	
기독교 서적 읽기가 늘어났다	서울경기인천	2.34	.904	4.990**
	부산울산경남	2.54	.978	
	대구경북	2.42	.847	
	강원충청전라제주	2.39	1.035	
친구나 가족과 신앙과 관련된 이야기가 늘어났다	서울경기인천	2.79	1.028	2.843*
	부산울산경남	2.94	1.063	
	대구경북	2.87	.996	
	강원충청전라제주	2.76	1.152	

*p<.05, **p<.01

3) 학교급에 따른 신앙적 변화 인식 차이

학교급에 따른 신앙적 변화 인식 차이를 살펴보면, '기도하는 시간이 늘어났다', '성경 읽는 시간이 늘어났다', '기독교 서적 읽기가 늘어났다', '친구나 가족과 신앙과 관련된 이야기가 늘어났다'에서 기타홈스쿨링, 대안학교의 점수가 가장 높았으며, 고등학생의 점수가 가장 낮았다. 학교급에 따른 신앙적 변화 인식 차이는 <표 3-23>과 같다.

<표 3-23> 학교급에 따른 신앙적 변화 인식 차이

(단위: 점(5점 척도))

구분		평균	표준편차	t
기도하는 시간이 늘어났다	중학교	2.76	.959	6.882**
	고등학교	2.68	.968	
	기타(홈스쿨링, 대안학교)	3.14	1.025	
성경 읽는 시간이 늘어났다	중학교	2.72	1.007	10.673***
	고등학교	2.61	.997	
	기타(홈스쿨링, 대안학교)	3.20	1.030	
기독교 서적 읽기가 늘어났다	중학교	2.52	.952	9.654***
	고등학교	2.38	.941	
	기타(홈스쿨링, 대안학교)	2.86	1.042	
친구나 가족과 신앙과 관련된 이야기가 늘어났다	중학교	2.89	1.018	6.626**
	고등학교	2.83	1.085	
	기타(홈스쿨링, 대안학교)	3.34	1.108	

**$p<.01$, ***$p<.001$

4) 청소년부 인원에 따른 신앙적 변화 인식 차이

청소년부 인원에 따른 신앙적 변화 인식 차이를 살펴보면, 모든 영역에서 통계적으로 유의미한 차이가 없는 것으로 나타났다. 청소년부 인원에 따른 신앙적 변화 인식 차이는 <표 3-24>와 같다.

<표 3-24> 청소년부 인원에 따른 신앙적 변화 인식 차이

(단위: 점(5점 척도))

구분		평균	표준편차	t
기도하는 시간이 늘어났다	10명 미만	2.71	.945	.234
	10~30명 미만	2.72	.939	
	30~50명 미만	2.73	.968	
	50~100명 미만	2.75	.952	
	100명 이상	2.78	1.065	
성경 읽는 시간이 늘어났다	10명 미만	2.66	1.003	.549
	10~30명 미만	2.67	.989	
	30~50명 미만	2.66	1.003	
	50~100명 미만	2.75	1.002	
	100명 이상	2.72	1.070	
기독교 서적 읽기가 늘어났다	10명 미만	2.40	.946	.720
	10~30명 미만	2.42	.910	
	30~50명 미만	2.49	.961	
	50~100명 미만	2.50	.981	
	100명 이상	2.51	1.005	
친구나 가족과 신앙과 관련된 이야기가 늘어났다	10명 미만	2.69	.999	2.203
	10~30명 미만	2.89	1.056	
	30~50명 미만	2.86	1.076	
	50~100명 미만	2.92	1.025	
	100명 이상	2.97	1.096	

5) Teen SFC 활동 여부에 따른 신앙적 변화 인식 차이

Teen SFC 활동 여부에 따른 신앙적 변화 인식 차이를 살펴보면, '성경 읽는 시간이 늘어났다', '기독교 서적 읽기가 늘어났다', '친구나 가족과 신앙과 관련된 이야기가 늘어났다'에서 Teen SFC 활동을 하는 청소년이 활동하지 않는 청소년보다 점수가 높았다. 그러나 '기도하는 시간이 늘어났다'는 Teen SFC 활동 여부에 따라 통계적으로 유의미한 차이가 없는 것으로 나타났다. Teen SFC 활동 여부에 따른 신앙적 변화 인식 차이는 <표 3-25>와 같다.

<표 3-25> Teen SFC 활동 여부에 따른 신앙적 변화 인식 차이

(단위: 점(5점 척도))

구분		평균	표준편차	t
기도하는 시간이 늘어났다	활동함	2.79	.966	1.328
	활동하지 않음	2.72	.969	
성경 읽는 시간이 늘어났다	활동함	2.82	1.026	3.000**
	활동하지 않음	2.65	1.000	
기독교 서적 읽기가 늘어났다	활동함	2.56	.946	2.284*
	활동하지 않음	2.44	.955	
친구나 가족과 신앙과 관련된 이야기가 늘어났다	활동함	2.97	1.065	2.048*
	활동하지 않음	2.85	1.054	

*$p<.05$, **$p<.01$

(2) 온라인 예배에 대한 인식

청소년들의 온라인 예배에 대한 인식은 '어쩔 수 없는 경우에는 할 수도 있다고 생각한다'가 67.0%로 가장 많았고, 다음으로 '평상시에도 할 수 있다고 생각한다'(16.2%), '잘 모르겠다'(11.2%), '절대 해서는 안 된다고 생각한다'(5.6%)의 순으로 나타났다. 개인적인 배경별로 살펴보면, 기타홈스쿨링, 대안학교에서 '절대 해서는 안 된다고 생각한다'의 비율이 상대적으로 높은 것으로 나타났다. 청소년들의 온라인 예배에 대한 인식은 [그림 3-16]과 같으며, 개인적 배경별 온라인 예배에 대한 인식은 <표 3-26>과 같다.

[그림 3-16] 온라인 예배에 대한 인식

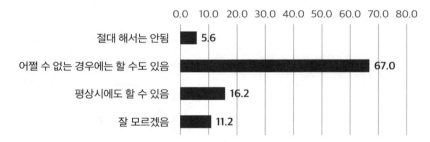

<표 3-26> 개인적 배경별 온라인 예배에 대한 인식

(단위: %)

구분		절대 해서는 안됨	어쩔 수 없는 경우에는 할 수도 있음	평상시에도 할 수 있음	잘 모르겠음
전체		5.6	67.0	16.2	11.2
성별	남자	7.4	63.3	15.4	13.9
	여자	3.9	70.4	16.9	8.7
학교 소재지	서울경기인천	4.7	69.5	15.8	10.1
	부산울산경남	6.1	65.7	16.1	12.1
	대구경북	4.0	72.0	12.4	11.6
	강원충청 전라제주	7.2	61.7	22.8	8.4
학교급	중학교	5.6	63.2	16.4	14.9
	고등학교	5.2	70.3	16.7	7.7
	기타(홈스쿨링, 대안학교)	10.2	74.6	6.8	8.5
청소년부 인원	10명 미만	7.4	59.6	16.5	16.5
	10~30명 미만	4.1	71.4	14.8	9.6
	30~50명 미만	4.9	64.8	18.1	12.3
	50~100명 미만	6.7	67.0	13.8	12.5
	100명 이상	7.1	66.7	18.7	7.5
Teen-SFC 활동	활동함	4.7	68.4	15.4	11.4
	활동하지 않음	5.8	66.5	16.4	11.2

(3) 온라인 교회모임의 가능성 인식

청소년들의 온라인 교회모임의 가능성3점 척도에 대한 응답으로 '청소년부 온라인 예배'가 2.20점으로 가장 긍정적이었으며, 다음으로 '청소년부 온라인 성경공부'(2.12점), '청소년부 온라인 소모임성경공부 외 다양한 모임'(2.10점), '청소년부 온라인 제자훈련'(1.99점)의 순으로 나타나 온라인 교회모임의 가능성을 긍정적으로 인식하는 것으로 나타났다. 온라인 교회모임의 가능성은 [그림 3-17]과 같다.

[그림 3-17] 온라인 교회모임의 가능성(3점 척도)

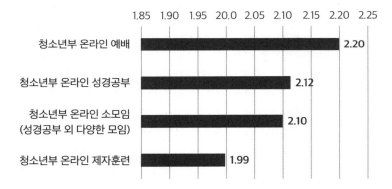

개인적 배경별로 온라인 교회모임의 가능성 인식의 차이를 자세하게 파악하기 위해 성별, 학교 소재지별, 학교급별 뿐만 아니라 청소년부 인원별, Teen SFC 활동 여부별을 추가 분석하였다.

1) 성별에 따른 온라인 교회모임의 가능성 인식 차이

성별에 따른 온라인 교회모임의 가능성 인식 차이를 살펴보면, '청소년부 온라인 예배', '청소년부 온라인 성경공부', '청소년부 온라인 소모임성경공부 외 다양한 모임', '청소년부 온라인 제자훈련'에서 여자가 남자보다 점수가 높은 것으로 나타나 여자가 남자보다 온라인 교회모임의 가능성을 긍정적으로 인식하는 것으로 나타났다. 성별에 따른 온라인 교회모임의 가능성 인식 차이는 <표 3-27>과 같다.

<표 3-27> 성별에 따른 온라인 교회모임의 가능성 인식 차이

(단위: 점(3점 척도))

구분		평균	표준편차	t
청소년부 온라인 예배	남자	2.12	.737	-3.995***
	여자	2.26	.707	
청소년부 온라인 성경공부	남자	2.08	.716	-2.459*
	여자	2.16	.714	
청소년부 온라인 소모임 (성경공부 외 다양한 모임)	남자	2.07	.711	-2.030*
	여자	2.14	.712	
청소년부 온라인 제자훈련	남자	1.96	.699	-2.034*
	여자	2.03	.694	

*p<.05, ***p<.001

2) 학교 소재지에 따른 온라인 교회모임의 가능성 인식 차이

학교 소재지에 따른 온라인 교회모임의 가능성 인식 차이를 살펴보면, 모든 영역에서 학교 소재지에 따라 통계적으로 유의미한 차이가 없는 것으로 나타났다. 학교 소재지에 따른 온라인 교회모임의 가능성 인식 차이는 <표 3-28>과 같다.

<표 3-28> 학교 소재지에 따른 온라인 교회모임의 가능성 인식 차이

(단위: 점(3점 척도))

구분		평균	표준편차	t
청소년부 온라인 예배	서울경기인천	2.26	.727	1.535
	부산울산경남	2.17	.722	
	대구경북	2.18	.724	
	강원충청전라제주	2.22	.729	
청소년부 온라인 성경공부	서울경기인천	2.11	.735	.472
	부산울산경남	2.11	.705	
	대구경북	2.16	.710	
	강원충청전라제주	2.15	.741	
청소년부 온라인 소모임 (성경공부 외 다양한 모임)	서울경기인천	2.11	.708	1.763
	부산울산경남	2.08	.716	
	대구경북	2.17	.676	
	강원충청전라제주	2.17	.744	
청소년부 온라인 제자훈련	서울경기인천	1.95	.696	1.224
	부산울산경남	2.00	.698	
	대구경북	2.01	.668	
	강원충청전라제주	2.07	.729	

3) 학교급에 따른 온라인 교회모임의 가능성 인식 차이

학교급에 따른 온라인 교회모임의 가능성 인식 차이를 살펴보면, '청소년부 온라인 예배', '청소년부 온라인 소모임성경공부 외 다양한 모임', '청소년부 온라인 제자훈련'에서 중학생이 기타홈스쿨링, 대안학교보다 점수가 높은 것으로 나타나 중학생이 온라인 교회모임의 가능성을 가장 긍정적으로 인식하는 것으로 나타났다. 그러나 '청소년부 온라인 성경공부'는 학교급에 따라 통계적으로 유의미한 차이가 없는 것으로 나타났다. 학교급에 따른 온라인 교회모임의 가능성 인식 차이는 <표 3-29>와 같다.

<표 3-29> 학교급에 따른 온라인 교회모임의 가능성 인식 차이

(단위: 점(3점 척도))

구분		평균	표준편차	t
청소년부 온라인 예배	중학교	2.24	.682	3.015*
	고등학교	2.16	.756	
	기타(홈스쿨링, 대안학교)	2.12	.832	
청소년부 온라인 성경공부	중학교	2.15	.672	1.082
	고등학교	2.10	.751	
	기타(홈스쿨링, 대안학교)	2.05	.818	
청소년부 온라인 소모임 (성경공부 외 다양한 모임)	중학교	2.14	.666	3.376*
	고등학교	2.08	.747	
	기타(홈스쿨링, 대안학교)	1.95	.818	
청소년부 온라인 제자훈련	중학교	2.03	.663	3.145*
	고등학교	1.98	.723	
	기타(홈스쿨링, 대안학교)	1.81	.776	

*p<.05

4) 청소년부 인원에 따른 온라인 교회모임의 가능성 인식 차이

청소년부 인원에 따른 온라인 교회모임의 가능성 인식 차이를 살펴보면, '청소년부 온라인 제자훈련'에서 10명 미만이 가장 점수가 높았고, 50~100명 미만의 점수가 가장 낮았다. 그러나 '청소년부 온라인 예배', '청소년부 온라인 성경공부', '청소년부 온라인 소모임성경공부 외 다양한 모임'은 청소년부 인원에 따라 통계적으로 유의미한 차이가 없는 것으로 나타났다. 청소년부 인원에 따른 온라인 교회모임의 가능성 인식 차이는 <표 3-30>과 같다.

<표 3-30> 청소년부 인원에 따른 온라인 교회모임의 가능성 인식 차이

(단위: 점(3점 척도))

구분		평균	표준편차	t
청소년부 온라인 예배	10명 미만	2.17	.656	2.156
	10~30명 미만	2.22	.747	
	30~50명 미만	2.25	.693	
	50~100명 미만	2.11	.746	
	100명 이상	2.18	.743	
청소년부 온라인 성경공부	10명 미만	2.20	.685	2.219
	10~30명 미만	2.17	.727	
	30~50명 미만	2.09	.694	
	50~100명 미만	2.04	.725	
	100명 이상	2.12	.733	
청소년부 온라인 소모임 (성경공부 외 다양한 모임)	10명 미만	2.21	.676	1.914
	10~30명 미만	2.11	.726	
	30~50명 미만	2.11	.690	
	50~100명 미만	2.03	.711	
	100명 이상	2.10	.742	

청소년부 온라인 제자훈련	10명 미만	2.11	.654	2.829*
	10~30명 미만	1.98	.691	
	30~50명 미만	1.99	.674	
	50~100명 미만	1.91	.710	
	100명 이상	2.05	.747	

*$p<.05$

5) Teen SFC 활동 여부에 따른 온라인 교회모임의 가능성 인식 차이

Teen SFC 활동 여부에 따른 온라인 교회모임의 가능성 인식 차이를 살펴보면, 모든 영역에서 Teen SFC 활동 여부에 따라 통계적으로 유의미한 차이가 없는 것으로 나타났다. Teen SFC 활동 여부에 따른 온라인 교회모임의 가능성 인식 차이는 <표 3-31>과 같다.

<표 3-31> Teen SFC 활동 여부에 따른 온라인 교회모임의 가능성 인식 차이

(단위: 점(3점 척도))

구분		평균	표준편차	t
청소년부 온라인 예배	활동함	2.14	.718	-1.699
	활동하지 않음	2.21	.726	
청소년부 온라인 성경공부	활동함	2.11	.705	-.366
	활동하지 않음	2.12	.720	
청소년부 온라인 소모임 (성경공부 외 다양한 모임)	활동함	2.12	.696	.463
	활동하지 않음	2.10	.717	
청소년부 온라인 제자훈련	활동함	2.00	.696	.168
	활동하지 않음	1.99	.698	

(4) 온라인 교회모임 참여 의향

청소년들의 온라인 교회모임 참여 의향을 살펴보면, '청소년부 온라인 예배'에 참여하겠다는 비율이 86.0%로 가장 많았고, 다음으로 '청소년부 온라인 성경공부'에 참여하겠다는 비율이 69.9%, '청소년부 온라인 소모임'에 참여하겠다는 비율이 67.6%, '청소년부 온라인 제자훈련'에 참여하겠다는 비율이 63.1%로 나타났다. 전반적으로 청소년들의 온라인 교회모임 참여 의향은 긍정적인 것으로 나타났다.

개인적 배경별로 살펴보면, 성별로는 여자가 남자보다 전반적으로 참여 의향이 높았고, 학교 소재지별로 살펴보면, '청소년부 온라인 성경공부'는 서울·경기·인천 지역이 참여 의향이 가장 많았고, '청소년부 온라인 성경공부', '청소년부 온라인 소모임', '청소년부 온라인 제자훈련' 참여 의향은 대구·경북 지역이 가장 많았다. 학교급별로 살펴보면, '청소년부 온라인 성경공부'는 중학생의 참여 의향이 가장 많았고, '청소년부 온라인 성경공부', '청소년부 온라인 소모임', '청소년부 온라인 제자훈련' 참여 의향은 기타홈스쿨링, 대안학교가 가장 많았다. 청소년부 인원별로 살펴보면, '청소년부 온라인 성경공부'는 50~100명 미만의 참여 의향이 가장 많았고, '청소년부 온라인 성경공부', '청소년부 온라인 소모임', '청소년부 온라인 제자훈련' 참여 의향은 10명 미만이 가장 많았다. Teen SFC 활동 여부별로 살펴보면, 모든 영역에서 Teen SFC 활동을 하는 청소년들의 참여 의향이 많은 것으로 나타났다. 청소년들의 온라인 교회모임 참여 의향은 [그림 3-18]과 같으며, 개인적 배경별 온라인 교회모임 참여 의향은 <표 3-32>와 같다.

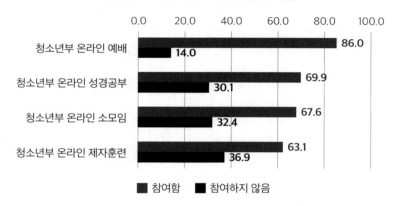

[그림 3-18] 온라인 교회모임 참여 의향

청소년부 온라인 예배 **86.0** / 14.0
청소년부 온라인 성경공부 **69.9** / 30.1
청소년부 온라인 소모임 **67.6** / 32.4
청소년부 온라인 제자훈련 **63.1** / 36.9

■ 참여함　■ 참여하지 않음

<표 3-32> 개인적 배경별 온라인 교회모임 참여 의향

(단위: %)

구분		청소년부 온라인 예배		청소년부 온라인 성경공부		청소년부 온라인 소모임		청소년부 온라인 제자훈련	
		참여함	참여하지 않음	참여함	참여하지 않음	참여함	참여하지 않음	참여함	참여하지 않음
전체		86.0	14.0	69.9	30.1	67.6	32.4	63.1	36.9
성별	남자	82.1	17.9	66.1	33.9	65.2	34.8	62.5	37.5
	여자	89.7	10.3	73.5	26.5	69.9	30.1	63.8	36.2
학교 소재지	서울경기 인천	86.9	13.1	68.2	31.8	68.0	32.0	61.3	38.7
	부산울산 경남	85.7	14.3	71.0	29.0	67.1	32.9	63.2	36.8
	대구경북	86.2	13.8	72.0	28.0	70.7	29.3	67.6	32.4
	강원충청 전라제주	85.6	14.4	65.3	34.7	65.3	34.7	61.1	38.9

학교급	중학교	86.8	13.2	70.1	29.9	67.8	32.2	64.3	35.7
	고등학교	85.2	14.8	69.2	30.8	66.6	33.4	61.0	39.0
	기타 (홈스쿨링, 대안학교)	86.4	13.6	78.0	22.0	78.0	22.0	76.3	23.7
청소년부 인원	10명 미만	81.4	18.6	75.0	25.0	72.3	27.7	67.0	33.0
	10~30명 미만	86.8	13.2	71.4	28.6	71.4	28.6	65.5	34.5
	30~50명 미만	85.2	14.8	67.1	32.9	63.9	36.1	61.8	38.2
	50~100명 미만	89.3	10.7	72.8	27.2	68.8	31.2	63.9	36.1
	100명 이상	85.0	15.0	64.4	35.6	61.0	39.0	56.9	43.1
Teen -SFC 활동	활동함	87.1	12.9	74.4	25.6	74.4	25.6	69.4	30.6
	활동하지 않음	85.7	14.3	68.6	31.4	65.6	34.4	61.3	38.7

(5) 코로나19가 개인의 신앙생활에 미친 영향

청소년들이 인식하는 코로나19가 개인의 신앙생활에 미친 영향으로 '교회모임이 줄어들어 교제를 못해 아쉽다'가 3.41점으로 가장 높았고, 다음으로 '기독교인으로서 정체성을 고민하게 되었다'와 '주일날 교회활동이 줄어들어 시간적인 여유가 있어서 좋았다'가 각각 2.88점, '코로나 이전보다 온라인을 통해 기독교 콘텐츠를 더 많이 접하게 되었다'가 2.74점, '주일날 교회 친구들끼리 교회 밖에서 자유롭게 교제할 수 있어 더 좋다'가 2.68점, '감염 위험성 때문에 교회 가기가 부담스럽다'가 2.48점의 순으로 나타났다. 코로나19가 개인의 신앙생활에 미친 영향은 [그림 3-19]와 같다.

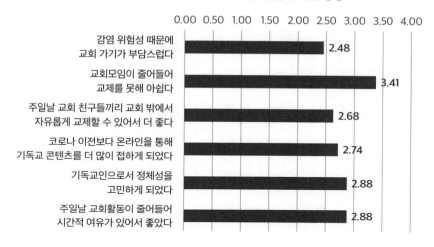

[그림 3-19] 코로나19가 개인의 신앙생활에 미친 영향

	0.00 0.50 1.00 1.50 2.00 2.50 3.00 3.50 4.00
감염 위험성 때문에 교회 가기가 부담스럽다	2.48
교회모임이 줄어들어 교제를 못해 아쉽다	3.41
주일날 교회 친구들끼리 교회 밖에서 자유롭게 교제할 수 있어서 더 좋다	2.68
코로나 이전보다 온라인을 통해 기독교 콘텐츠를 더 많이 접하게 되었다	2.74
기독교인으로서 정체성을 고민하게 되었다	2.88
주일날 교회활동이 줄어들어 시간적 여유가 있어서 좋았다	2.88

개인적 배경별로 코로나19가 개인의 신앙생활에 미친 영향에 대한 인식의 차이를 자세하게 파악하기 위해 성별, 학교 소재지별, 학교급별 뿐만 아니라 청소년부 인원별, Teen SFC 활동 여부별을 추가로 분석하였다.

1) 성별에 따른 코로나19가 개인의 신앙생활에 미친 영향 인식 차이

성별에 따른 코로나19가 개인의 신앙생활에 미친 영향 인식 차이는 '감염 위험성 때문에 교회 가기가 부담스럽다', '교회모임이 줄어들어 교제를 못해 아쉽다', '기독교인으로서 정체성을 고민하게 되었다', '주일날 교회활동이 줄 어들어 시간적인 여유가 있어서 좋았다'에서 여자가 남자보다 점수가 높았 다. 그러나 '주일날 교회 친구들끼리 교회 밖에서 자유롭게 교제할 수 있어 더 좋다'와 '코로나 이전보다 온라인을 통해 기독교 콘텐츠를 더 많이 접하게 되 었다'에서는 성별에 따라 통계적으로 유의미한 차이가 없는 것으로 나타났 다. 성별에 따른 코로나19가 개인의 신앙생활에 미친 영향 인식 차이는 <표 3-33>과 같다.

<표 3-33> 성별에 따른 코로나19가 개인의 신앙생활에 미친 영향 인식 차이

(단위: 점(5점 척도))

구분		평균	표준편차	t
감염 위험성 때문에 교회 가기가 부담스럽다	남자	2.40	1.147	-2.752**
	여자	2.55	1.123	
교회모임이 줄어들어 교제를 못해 아쉽다	남자	3.34	1.197	-2.434*
	여자	3.48	1.100	
주일날 교회 친구들끼리 교회 밖에서 자유롭게 교제할 수 있어 더 좋다	남자	2.72	1.058	1.869
	여자	2.63	.955	
코로나 이전보다 온라인을 통해 기독교 콘텐츠를 더 많이 접하게 되었다	남자	2.73	1.077	-.474
	여자	2.75	1.027	
기독교인으로서 정체성을 고민하게 되었다	남자	2.82	1.125	-2.190*
	여자	2.93	1.092	
주일날 교회활동이 줄어들어 시간적인 여유가 있어서 좋았다	남자	2.83	1.057	-2.130*
	여자	2.93	1.010	

*p<.05, **p<.01

2) 학교 소재지에 따른 코로나19가 개인의 신앙생활에 미친 영향 인식 차이

학교 소재지에 따른 코로나19가 개인의 신앙생활에 미친 영향 인식 차이는 '교회모임이 줄어들어 교제를 못해 아쉽다'에서 대구·경북 지역의 점수가 가장 높았고 강원·충청·전라·제주 지역의 점수가 가장 낮았다. '코로나 이전보다 온라인을 통해 기독교 콘텐츠를 더 많이 접하게 되었다'에서는 대구·경북 지역의 점수가 가장 높았고, 서울·경기·인천 지역의 점수가 가장 낮았다. 그러나 '감염 위험성 때문에 교회 가기가 부담스럽다', '주일날 교회 친구들끼리 교회 밖에서 자유롭게 교제할 수 있어 더 좋다', '기독교인으로서 정체성을 고민하게 되었다', '주일날 교회활동이 줄어들어 시간적인 여유가 있어서 좋았다'에서는 학교 소재지에 따라 통계적으로 유의미한 차이가 없는 것으로 나타났

다. 학교 소재지에 따른 코로나19가 개인의 신앙생활에 미친 영향 인식 차이
는 <표 3-34>와 같다.

<표 3-34> 학교 소재지에 따른 코로나19가 개인의 신앙생활에 미친 영향 인식 차이

(단위: 점(5점 척도))

구분		평균	표준편차	t
감염 위험성 때문에 교회 가기가 부담스럽다	서울경기인천	2.53	1.132	.375
	부산울산경남	2.46	1.151	
	대구경북	2.46	1.102	
	강원충청전라제주	2.48	1.119	
교회모임이 줄어들어 교제를 못해 아쉽다	서울경기인천	3.54	1.110	5.895**
	부산울산경남	3.35	1.157	
	대구경북	3.58	1.075	
	강원충청전라제주	3.23	1.245	
주일날 교회 친구들끼리 교회 밖에서 자유롭게 교제할 수 있어 더 좋다	서울경기인천	2.65	1.004	1.881
	부산울산경남	2.72	1.016	
	대구경북	2.55	.940	
	강원충청전라제주	2.69	1.041	
코로나 이전보다 온라인을 통해 기독교 콘텐츠를 더 많이 접하게 되었다	서울경기인천	2.60	1.015	3.780*
	부산울산경남	2.79	1.073	
	대구경북	2.80	.990	
	강원충청전라제주	2.66	1.068	
기독교인으로서 정체성을 고민하게 되었다	서울경기인천	2.91	1.086	.835
	부산울산경남	2.88	1.118	
	대구경북	2.89	1.106	
	강원충청전라제주	2.75	1.122	
주일날 교회활동이 줄어들어 시간적인 여유가 있어서 좋았다	서울경기인천	2.90	1.008	.697
	부산울산경남	2.88	1.047	
	대구경북	2.80	1.016	
	강원충청전라제주	2.95	1.049	

*p<.05, **p<.01

3) 학교급에 따른 코로나19가 개인의 신앙생활에 미친 영향 인식 차이

학교급에 따른 코로나19가 개인의 신앙생활에 미친 영향 인식 차이는 '교회모임이 줄어들어 교제를 못해 아쉽다'에서 기타홈스쿨링, 대안학교의 점수가 가장 높았고, 중학생의 점수가 가장 낮았다. '주일날 교회 친구들끼리 교회 밖에서 자유롭게 교제할 수 있어 더 좋다'에서는 중학생의 점수가 가장 높았고, 기타홈스쿨링, 대안학교의 점수가 가장 낮았다. 그러나 '감염 위험성 때문에 교회 가기가 부담스럽다', '코로나 이전보다 온라인을 통해 기독교 콘텐츠를 더 많이 접하게 되었다', '기독교인으로서 정체성을 고민하게 되었다', '주일날 교회활동이 줄어들어 시간적인 여유가 있어서 좋았다'에서는 학교급에 따라 통계적으로 유의미한 차이가 없는 것으로 나타났다. 학교급에 따른 코로나19가 개인의 신앙생활에 미친 영향 인식 차이는 <표 3-35>와 같다.

<표 3-35> 학교급에 따른 코로나19가 개인의 신앙생활에 미친 영향 인식 차이

(단위: 점(5점 척도))

구분		평균	표준편차	t
감염 위험성 때문에 교회 가기가 부담스럽다	중학교	2.48	1.138	1.414
	고등학교	2.49	1.143	
	기타(홈스쿨링, 대안학교)	2.24	1.006	
교회모임이 줄어들어 교제를 못해 아쉽다	중학교	3.22	1.153	24.790***
	고등학교	3.59	1.110	
	기타(홈스쿨링, 대안학교)	3.73	1.215	
주일날 교회 친구들끼리 교회 밖에서 자유롭게 교제할 수 있어 더 좋다	중학교	2.77	1.013	7.297**
	고등학교	2.60	.994	
	기타(홈스쿨링, 대안학교)	2.44	.987	

코로나 이전보다 온라인을 통해 기독교 콘텐츠를 더 많이 접하게 되었다	중학교	2.75	1.017	.307
	고등학교	2.73	1.085	
	기타(홈스쿨링, 대안학교)	2.66	1.077	
기독교인으로서 정체성을 고민하게 되었다	중학교	2.82	1.033	2.157
	고등학교	2.93	1.177	
	기타(홈스쿨링, 대안학교)	2.93	1.158	
주일날 교회활동이 줄어들어 시간적인 여유가 있어서 좋았다	중학교	2.92	1.007	1.722
	고등학교	2.85	1.051	
	기타(홈스쿨링, 대안학교)	2.71	1.160	

**$p<.01$, ***$p<.001$

4) 청소년부 인원에 따른 코로나19가 개인의 신앙생활에 미친 영향 인식 차이

청소년부 인원에 따른 코로나19가 개인의 신앙생활에 미친 영향 인식 차이는 '교회모임이 줄어들어 교제를 못해 아쉽다'에서 100명 이상의 점수가 가장 높았고, 10명 미만과 30~50명의 점수가 가장 낮았다. '주일날 교회 친구들끼리 교회 밖에서 자유롭게 교제할 수 있어 더 좋다'에서는 100명 이상의 점수가 가장 높았고, 10명 미만의 점수가 가장 낮았다. '주일날 교회활동이 줄어들어 시간적인 여유가 있어서 좋았다'에서는 10명 미만의 점수가 가장 높고, 100명 이상의 점수가 가장 낮았다. 그러나 '감염 위험성 때문에 교회 가기가 부담스럽다', '코로나 이전보다 온라인을 통해 기독교 콘텐츠를 더 많이 접하게 되었다', '기독교인으로서 정체성을 고민하게 되었다'에서는 청소년부 인원에 따라 통계적으로 유의미한 차이가 없는 것으로 나타났다. 청소년부 인원에 따른 코로나19가 개인의 신앙생활에 미친 영향 인식 차이는 <표 3-36>과 같다.

<표 3-36> 청소년부 인원에 따른 코로나19가 개인의 신앙생활에 미친 영향 인식 차이

(단위: 점(5점 척도))

구분		평균	표준편차	t
감염 위험성 때문에 교회 가기가 부담스럽다	10명 미만	2.47	1.149	1.151
	10~30명 미만	2.54	1.119	
	30~50명 미만	2.50	1.084	
	50~100명 미만	2.43	1.156	
	100명 이상	2.38	1.218	
교회모임이 줄어들어 교제를 못해 아쉽다	10명 미만	3.28	1.132	3.130*
	10~30명 미만	3.47	1.109	
	30~50명 미만	3.28	1.187	
	50~100명 미만	3.48	1.161	
	100명 이상	3.51	1.148	
주일날 교회 친구들끼리 교회 밖에서 자유롭게 교제할 수 있어 더 좋다	10명 미만	2.59	.990	2.546*
	10~30명 미만	2.70	.954	
	30~50명 미만	2.72	1.024	
	50~100명 미만	2.56	1.010	
	100명 이상	2.79	1.078	
코로나 이전보다 온라인을 통해 기독교 콘텐츠를 더 많이 접하게 되었다	10명 미만	2.66	1.018	.905
	10~30명 미만	2.80	1.043	
	30~50명 미만	2.73	1.046	
	50~100명 미만	2.69	1.044	
	100명 이상	2.73	1.108	
기독교인으로서 정체성을 고민하게 되었다	10명 미만	2.69	1.096	1.744
	10~30명 미만	2.89	1.105	
	30~50명 미만	2.91	1.108	
	50~100명 미만	2.93	1.087	
	100명 이상	2.85	1.150	

	10명 미만	3.01	1.029	
주일날 교회활동이 줄어들어 시간적인 여유가 있어서 좋았다	10~30명 미만	2.97	1.013	
	30~50명 미만	2.89	1.044	4.087**
	50~100명 미만	2.77	1.008	
	100명 이상	2.73	1.073	

*$p<.05$, **$p<.01$

5) Teen SFC 활동 여부에 따른 코로나19가 개인의 신앙생활에 미친 영향 인식 차이

Teen SFC 활동 여부에 따른 코로나19가 개인의 신앙생활에 미친 영향 인식 차이는 '교회모임이 줄어들어 교제를 못해 아쉽다'와 '주일날 교회 친구들끼리 교회 밖에서 자유롭게 교제할 수 있어 더 좋다'에서 Teen SFC 활동을 하는 청소년의 점수가 높은 것으로 나타났다. 그러나 '감염 위험성 때문에 교회 가기가 부담스럽다', '코로나 이전보다 온라인을 통해 기독교 콘텐츠를 더 많이 접하게 되었다', '기독교인으로서 정체성을 고민하게 되었다', '주일날 교회 활동이 줄어들어 시간적인 여유가 있어서 좋았다'에서는 Teen SFC 활동 여부에 따라 통계적으로 유의미한 차이가 없는 것으로 나타났다. Teen SFC 활동 여부에 따른 코로나19가 개인의 신앙생활에 미친 영향 인식 차이는 <표 3-37>과 같다.

<표 3-37> Teen SFC 활동 여부에 따른 코로나19가 개인의 신앙생활에 미친 영향 인식 차이

(단위: 점(5점 척도))

구분		평균	표준편차	t
감염 위험성 때문에 교회 가기가 부담스럽다	활동함	2.43	1.076	-1.058
	활동하지 않음	2.49	1.154	
교회모임이 줄어들어 교제를 못해 아쉽다	활동함	3.54	1.165	2.579*
	활동하지 않음	3.37	1.143	
주일날 교회 친구들끼리 교회 밖에서 자유롭게 교제할 수 있어 더 좋다	활동함	2.77	1.027	2.109*
	활동하지 않음	2.65	1.000	
코로나 이전보다 온라인을 통해 기독교 콘텐츠를 더 많이 접하게 되었다	활동함	2.83	1.068	1.907
	활동하지 않음	2.71	1.045	
기독교인으로서 정체성을 고민하게 되었다	활동함	2.95	1.077	1.580
	활동하지 않음	2.85	1.118	
주일날 교회활동이 줄어들어 시간적인 여유가 있어서 좋았다	활동함	2.93	1.008	.947
	활동하지 않음	2.87	1.042	

*$p<.05$

(6) 청소년의 신앙생활에 대한 요구도

청소년의 신앙생활에 대한 요구도를 분석하기 위해서 대응표본 t검정을 실시하였다. 현재 선호 수준과 미래 중요 수준에서 모두 (오프라인 대면) 예배 참여하기의 평균이 가장 높았으며, 대응표본 t검정 결과, 11개 분야에서 모두 통계적으로 유의미한 차이를 보였다. 본 연구에서 요구는 현재 선호 수준과 미래 중요 수준 간의 차이로 정의되기 때문에 모든 분야에서 갭gap으로서의 요구가 존재하였다. 다음으로 Borich의 요구도 값을 산출한 결과 가장 높은 요구도 값은 전도활동하기(2.32)였으며, 그 다음 순으로 성경 읽기(1.83), 기독서적 읽기(1.67) 등의 순이었다. Borich의 요구도 값과 t값을 비교해 보면, t값의 순위와 요구도 순위가 거의 일치하였다. 이상의 청소년의 신앙생활에 대

한 요구도에 대한 우선순위 분석방법을 정리하면 <표 3-38>과 같다.

<표 3-38> 청소년의 신앙생활에 대한 요구도 분석

구분	현재선호도		미래중요도		차이		요구도	순위
	평균	순위	평균	순위	평균	t값		
(오프라인 대면) 예배 참여하기	3.72	1	3.87	1	.15	6.648***	0.60	11
(온라인 비대면) 예배 참여하기	3.08	3	3.35	5	.28	10.515***	0.93	10
(온라인 비대면) 신앙양육 프로그램	2.86	6	3.21	9	.35	13.940***	1.12	9
(온라인 비대면) 신앙공동체 활동	2.85	8	3.21	10	.35	14.181***	1.13	8
(온라인 비대면) 신앙 상담활동	2.82	9	3.17	11	.36	14.041***	1.13	7
기도하기	3.23	2	3.62	2	.39	16.015***	1.43	5
성경읽기	3.04	4	3.56	3	.52	19.978***	1.83	2
성경공부 참여하기	2.97	5	3.42	4	.45	18.005***	1.54	4
기독서적 읽기	2.74	10	3.25	7	.51	20.112***	1.67	3
교회 외 종교모임 참여하기	2.86	7	3.24	8	.39	14.915***	1.25	6
전도활동하기	2.57	11	3.28	6	.71	24.569***	2.32	1

***$p<.001$

다음으로 청소년 신앙생활을 The Locus for Focus 모델을 활용하여 우선 순위를 분석한 결과는 [그림 3-20]과 <표 3-39>와 같다. 청소년들이 인식하고 있는 신앙생활의 미래 중요 수준 평균은 3.38이며, 불일치 수준미래 중요 수준-현 재 선호 수준의 평균은 0.41로 나타났다. 미래 중요 수준의 평균을 x축으로, 불일 치 수준의 평균을 y축으로 하여 사사분면으로 나타냈을 때, 제1사분면의 영역에 속하는 신앙생활들은 청소년들이 중요하게 생각하고 미래 중요 수준과 현재 선호 수준 간의 불일치 수준이 높은 것들로 최우선적으로 요구되는 신앙생활들이다.

분석 결과, 제1사분면에 포함되는 신앙생활은 성경 읽기와 성경공부 참여하기였고, 제2사분면에는 전도활동하기, 기독서적 읽기였으며, 제3사분면에는 교회 외 종교모임 참여하기, (온라인 비대면) 신앙상담활동, (온라인 비대면) 신앙공동체활동, (온라인 비대면) 신앙양육프로그램, (온라인 비대면) 예배 참여하기였고, 제4사분면에 포함되는 신앙활동은 기도하기와 (오프라인 대면) 예배 참여하기였다.

[그림 3-20] The Locus for Focus모델을 활용한 청소년 신앙생활 우선순위

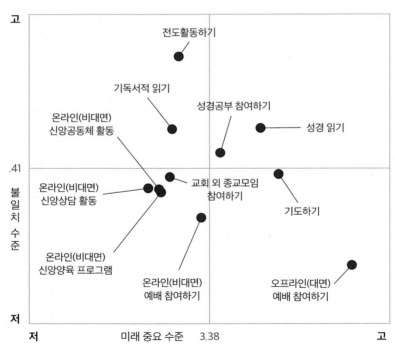

<표 3-39> The Locus for Focus 모델을 활용한 청소년 신앙생활 우선순위

분면	신앙생활 우선순위
1사분면(고고)	성경 읽기, 성경공부 참여하기
2사분면(저고)	전도활동하기, 기독서적 읽기
3사분면(저저)	교회 외 종교모임 참여하기, (온라인 비대면)신앙상담활동, (온라인 비대면)신앙공동체활동, (온라인 비대면)신앙양육프로그램, (온라인 비대면)예배 참여하기
4사분면(고저)	기도하기, (오프라인 대면)예배 참여하기

The Locus for Focus 모델 결과는 제1사분면고고에 대한 우선순위 결정은 비교적 용이하나 2순위 분면저고의 결정은 사실상 어렵다. 이러한 The Locus for Focus 모델의 장점과 단점을 고려하여 1순위 분면고고에 몇 개의 항목이 포함되었는지 확인한 후, 이들 개수만큼 Borich 요구도 순위를 상호 비교하여 최우선순위 항목들과 차순위 항목들을 결정할 수 있다. 결과적으로 The Locus for Focus 모델을 활용한 우선순위 영역에 포함된 항목 개수와 항목들을 고려하여 Borich의 요구도 우선순위와 비교한 결과는 <표 3-40>과 같다.

<표 3-40> 청소년 신앙생활 우선순위 결정

Borich 요구도 순위	신앙생활	우선순위 도출법	
		Borich 요구도	Locus For Focus
1	전도활동하기	◎	
2	성경읽기	◎	◎
3	기독서적 읽기	◎	
4	성경공부 참여하기	◎	◎
5	기도하기	◎	◎
6	교회 외 종교모임 참여하기	◎	
7	(온라인 비대면) 신앙 상담활동	◎	
8	(온라인 비대면) 신앙공동체 활동	◎	
9	(온라인 비대면) 신앙양육 프로그램	◎	
10	(온라인 비대면) 예배 참여하기	◎	
11	(오프라인 대면) 예배 참여하기	◎	◎

Borich 요구도와 The Locus for Focus 모델의 우선순위 도출 방법에 따라 공통적으로 요구가 높은 분야로 나타난 것은 성경 읽기, 성경공부 참여하기, 기도하기, (오프라인 대면) 예배 참여하기의 4개 분야이다. 이는 11개 분야 중 우선적으로 고려해야 할 요구라고 할 수 있다.

1) 성별에 따른 청소년의 신앙생활 요구도

① 남자 청소년의 신앙생활 요구도

남자 청소년의 신앙생활에 대한 요구도를 분석하기 위해서 대응표본 t검정을 실시하였다. 현재 선호 수준과 미래 중요 수준에서 모두 (오프라인 대면) 예배 참여하기의 평균이 가장 높았으며, 대응표본 t검정 결과, 11개 분야에서 모두 통계적으로 유의미한 차이를 보였다. 본 연구에서 요구는 현재 선호 수준과 미래 중요 수준 간의 차이로 정의되기 때문에 모든 분야에서 갭gap으로서의 요구가 존재하였다. 다음으로 Borich의 요구도 값을 산출한 결과 가장 높은 요구도 값은 전도활동하기(1.96)였으며, 그 다음 순으로 성경 읽기(1.40), 기독서적 읽기(1.29) 등의 순이었다. Borich의 요구도 값과 t값을 비교해 보면 t값의 순위와 요구도 순위가 일치하였다. 이상의 남자 청소년의 신앙생활에 대한 요구도에 대한 우선순위 분석방법을 정리하면 <표 3-41>과 같다.

<표 3-41> 남자 청소년의 신앙생활에 대한 요구도 분석

구분	현재선호도		미래중요도		차이		요구도	순위
	평균	순위	평균	순위	평균	t값		
(오프라인 대면) 예배 참여하기	3.67	1	3.75	1	.08	2.289*	0.30	11
(온라인 비대면) 예배 참여하기	3.05	3	3.26	5	.21	5.776***	0.69	10
(온라인 비대면) 신앙양육 프로그램	2.86	6	3.16	9	.30	8.352***	0.94	7
(온라인 비대면) 신앙공동체 활동	2.86	8	3.15	10	.29	8.152***	0.90	9
(온라인 비대면) 신앙 상담활동	2.83	9	3.13	11	.30	8.245***	0.94	6
기도하기	3.21	2	3.52	2	.31	9.318***	1.09	4
성경읽기	3.05	4	3.46	3	.40	11.664***	1.40	2
성경공부 참여하기	3.02	5	3.34	4	.32	9.532***	1.07	5
기독서적 읽기	2.82	10	3.22	7	.40	11.487***	1.29	3
교회 외 종교모임 참여하기	2.88	7	3.16	8	.28	7.909***	0.90	8
전도활동하기	2.60	11	3.21	6	.61	15.348***	1.96	1

*$p<.05$, ***$p<.001$

다음으로 남자 청소년 신앙생활을 The Locus for Focus 모델을 활용하여 우선순위를 분석한 결과는 [그림 3-21]과 <표 3-42>와 같다. 청소년들이 인식하고 있는 신앙생활의 미래 중요 수준 평균은 3.30이며, 불일치 수준미래 중요 수준-현재 선호 수준의 평균은 0.32로 나타났다. 제1사분면에 포함되는 신앙생활은 성경 읽기와 성경공부 참여하기였고, 제2사분면에는 전도활동하기, 기독서적 읽기였으며, 제3사분면에는 교회 외 종교모임 참여하기, (온라인 비대면) 신앙상담활동, (온라인 비대면) 신앙공동체활동, (온라인 비대면) 신앙양육프로그램, (온라인 비대면) 예배 참여하기였고, 제4사분면에 포함되는 신앙활동은 기도하기와 (오프라인 대면) 예배 참여하기였다.

[그림 3-21] The Locus for Focus모델을 활용한 남자 청소년 신앙생활 우선순위

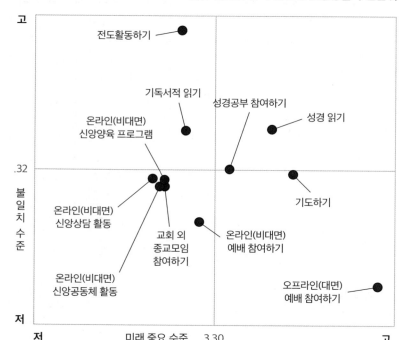

<표 3-42> The Locus for Focus 모델을 활용한 남자 청소년 신앙생활 우선순위

분면	신앙생활 우선순위
1사분면(고고)	성경 읽기, 성경공부 참여하기
2사분면(저고)	전도활동하기, 기독서적 읽기
3사분면(저저)	교회 외 종교모임 참여하기, (온라인 비대면) 신앙상담활동, (온라인 비대면) 신앙공동체활동, (온라인 비대면) 신앙양육프로그램, (온라인 비대면) 예배 참여하기
4사분면(고저)	기도하기, (오프라인 대면) 예배 참여하기

The Locus for Focus 모델을 활용한 우선순위 영역에 포함된 항목 개수와 항목들을 고려하여 Borich의 요구도 우선순위와 비교한 결과는 <표 3-43>과 같다.

<표 3-43> 남자 청소년 신앙생활 우선순위 결정

Borich 요구도 순위	신앙생활	우선순위 도출법	
		Borich 요구도	Locus For Focus
1	전도활동하기	◎	
2	성경읽기	◎	◎
3	기독서적 읽기	◎	
4	기도하기	◎	◎
5	성경공부 참여하기	◎	◎
6	(온라인 비대면) 신앙 상담활동	◎	
7	(온라인 비대면) 신앙양육 프로그램	◎	
8	교회 외 종교모임 참여하기	◎	
9	(온라인 비대면) 신앙공동체 활동	◎	
10	(온라인 비대면) 예배 참여하기	◎	
11	(오프라인 대면) 예배 참여하기	◎	◎

Borich 요구도와 The Locus for Focus 모델의 우선순위 도출 방법에 따라 공통적으로 요구가 높은 분야로 나타난 것은 성경 읽기, 성경공부 참여하기, 기도하기, (오프라인 대면) 예배 참여하기의 4개 분야이다. 이는 11개 분야 중 우선적으로 고려해야 할 요구라고 할 수 있다.

② 여자 청소년의 신앙생활 요구도

여자 청소년의 신앙생활에 대한 요구도를 분석하기 위해서 대응표본 t검정을 실시하였다. 현재 선호 수준과 미래 중요 수준에서 모두 (오프라인 대면) 예배 참여하기의 평균이 가장 높았으며, 대응표본 t검정 결과, 11개 분야에서 모두 통계적으로 유의미한 차이를 보였다. 본 연구에서 요구는 현재 선호 수준과 미래 중요 수준 간의 차이로 정의되기 때문에 모든 분야에서 갭gap으로서의 요구가 존재하였다. 다음으로 Borich의 요구도 값을 산출한 결과 가장 높은 요구도 값은 전도활동하기(2.67)였으며, 그 다음 순으로 성경 읽기(2.26), 기독서적 읽기(2.04) 등의 순이었다. Borich의 요구도 값과 t값을 비교해 보면 t값의 순위와 요구도 순위가 거의 일치하였다. 이상의 여자 청소년의 신앙생활에 대한 요구도에 대한 우선순위 분석방법을 정리하면 <표 3-44>와 같다.

<표 3-44> 여자 청소년의 신앙생활에 대한 요구도 분석

구분	현재선호도		미래중요도		차이		요구도	순위
	평균	순위	평균	순위	평균	t값		
(오프라인 대면) 예배 참여하기	3.76	1	3.98	1	.22	7.249***	0.89	11
(온라인 비대면) 예배 참여하기	3.10	3	3.44	5	.34	8.983***	1.17	10
(온라인 비대면) 신앙양육 프로그램	2.86	6	3.26	9	.40	11.308***	1.30	9
(온라인 비대면) 신앙공동체 활동	2.85	8	3.26	10	.42	11.833***	1.35	7
(온라인 비대면) 신앙 상담활동	2.81	9	3.22	11	.41	11.588***	1.32	8
기도하기	3.24	2	3.72	2	.47	13.181***	1.76	5
성경읽기	3.03	4	3.65	3	.62	16.454***	2.26	2
성경공부 참여하기	2.92	5	3.49	4	.57	15.745***	2.00	4
기독서적 읽기	2.67	10	3.29	7	.62	16.839***	2.04	3
교회 외 종교모임 참여하기	2.84	7	3.32	8	.48	13.076***	1.59	6
전도활동하기	2.54	11	3.34	6	.80	19.339***	2.67	1

***$p<.001$

다음으로 여자 청소년 신앙생활을 The Locus for Focus 모델을 활용하여 우선순위를 분석한 결과는 [그림 3-22]와 <표 3-45>와 같다. 청소년들이 인식하고 있는 신앙생활의 미래 중요 수준 평균은 3.45이며, 불일치 수준미래 중요 수준-현재 선호 수준의 평균은 0.49로 나타났다. 제1사분면에 포함되는 신앙생활은 성경 읽기와 성경공부 참여하기였고, 제2사분면에는 전도활동하기, 기독서적 읽기였으며, 제3사분면에는 교회 외 종교모임 참여하기, (온라인 비대면) 신앙

상담활동, (온라인 비대면) 신앙공동체활동, (온라인 비대면) 신앙양육프로그램, (온라인 비대면) 예배 참여하기였고, 제4사분면에 포함되는 신앙활동은 기도하기와 (오프라인 대면) 예배 참여하기였다.

[그림 3-22] The Locus for Focus모델을 활용한 여자 청소년 신앙생활 우선순위

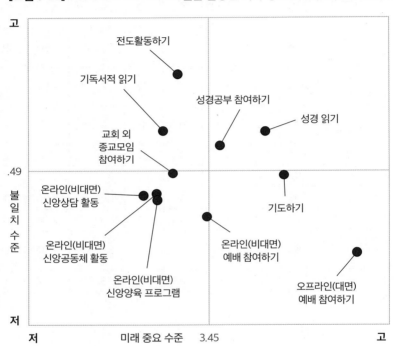

<표 3-45> The Locus for Focus 모델을 활용한 여자 청소년 신앙생활 우선순위

분면	신앙생활 우선순위
1사분면(고고)	성경 읽기, 성경공부 참여하기
2사분면(저고)	전도활동하기, 기독서적 읽기
3사분면(저저)	교회 외 종교모임 참여하기, (온라인 비대면) 신앙상담활동, (온라인 비대면) 신앙공동체활동, (온라인 비대면) 신앙양육프로그램, (온라인 비대면) 예배 참여하기
4사분면(고저)	기도하기, (오프라인 대면) 예배 참여하기

The Locus for Focus 모델을 활용한 우선순위 영역에 포함된 항목 개수와 항목들을 고려하여 Borich의 요구도 우선순위와 비교한 결과는 <표 3-46>과 같다.

<표 3-46> 여자 청소년 신앙생활 우선순위 결정

Borich 요구도 순위	신앙생활	우선순위 도출법	
		Borich 요구도	Locus For Focus
1	전도활동하기	◎	
2	성경읽기	◎	◎
3	기독서적 읽기	◎	
4	성경공부 참여하기	◎	◎
5	기도하기	◎	◎
6	교회 외 종교모임 참여하기	◎	
7	(온라인 비대면) 신앙공동체 활동	◎	
8	(온라인 비대면) 신앙 상담활동	◎	
9	(온라인 비대면) 신앙양육 프로그램	◎	
10	(온라인 비대면) 예배 참여하기	◎	
11	(오프라인 대면) 예배 참여하기	◎	◎

Borich 요구도와 The Locus for Focus 모델의 우선순위 도출 방법에 따라 공통적으로 요구가 높은 분야로 나타난 것은 성경 읽기, 성경공부 참여하기, 기도하기, (오프라인 대면) 예배 참여하기의 4개 분야이다. 이는 11개 분야 중 우선적으로 고려해야 할 요구라고 할 수 있다.

2) 학교 소재지에 따른 청소년의 신앙생활 요구도

① 서울·경기·인천 지역 청소년의 신앙생활 요구도

서울·경기·인천 지역 청소년의 신앙생활에 대한 요구도를 분석하기 위해서 대응표본 t검정을 실시하였다. 현재 선호 수준과 미래 중요 수준에서 모두 (오프라인 대면) 예배 참여하기의 평균이 가장 높았으며, 대응표본 t검정 결과, 11개 분야에서 모두 통계적으로 유의미한 차이를 보였다. 본 연구에서 요구는 현재 선호 수준과 미래 중요 수준 간의 차이로 정의되기 때문에 모든 분야에서 갭gap으로서의 요구가 존재하였다. 다음으로 Borich의 요구도 값을 산출한 결과 가장 높은 요구도 값은 전도활동하기(2.39)였으며, 그 다음 순으로 성경 읽기(1.93), 기독서적 읽기(1.77) 등의 순이었다. Borich의 요구도 값과 t값을 비교해 보면 t값의 순위와 요구도 순위가 거의 일치하였다. 이상의 서울·경기·인천 지역 청소년의 신앙생활에 대한 요구도에 대한 우선순위 분석방법을 정리하면 <표 3-47>과 같다.

〈표 3-47〉 서울·경기·인천 지역 청소년의 신앙생활에 대한 요구도 분석

구분	현재선호도		미래중요도		차이		요구도	순위
	평균	순위	평균	순위	평균	t값		
(오프라인 대면) 예배 참여하기	3.74	1	3.92	1	.18	3.702***	0.71	11
(온라인 비대면) 예배 참여하기	3.06	3	3.39	5	.33	6.041***	1.13	9
(온라인 비대면) 신앙양육 프로그램	2.85	6	3.19	9	.34	6.491***	1.09	10
(온라인 비대면) 신앙공동체 활동	2.83	8	3.20	10	.37	7.056***	1.19	8
(온라인 비대면) 신앙 상담활동	2.79	9	3.17	11	.38	7.361***	1.22	7
기도하기	3.16	2	3.57	2	.41	8.345***	1.45	5
성경읽기	2.97	4	3.52	3	.55	10.036***	1.93	2
성경공부 참여하기	2.83	5	3.34	4	.51	9.958***	1.72	4
기독서적 읽기	2.59	10	3.16	7	.56	10.144***	1.77	3
교회 외 종교모임 참여하기	2.79	7	3.20	8	.41	8.042***	1.30	6
전도활동하기	2.49	11	3.23	6	.74	12.270***	2.39	1

***$p<.001$

다음으로 서울·경기·인천 지역 청소년 신앙생활을 The Locus for Focus 모델을 활용하여 우선순위를 분석한 결과는 [그림 3-23]과 〈표 3-48〉과 같다. 청소년들이 인식하고 있는 신앙생활의 미래 중요 수준 평균은 3.35이며, 불일치 수준미래 중요 수준-현재 선호 수준의 평균은 0.44로 나타났다. 제1사분면에 포함되는 신앙생활은 성경 읽기였고, 제2사분면에는 성경공부 참여하기, 전도활동하기, 기독서적 읽기였으며, 제3사분면에는 교회 외 종교모임 참여하기, (온라

인 비대면) 신앙상담활동, (온라인 비대면) 신앙공동체활동, (온라인 비대면) 신앙양육프로그램이었고, 제4사분면에 포함되는 신앙활동은 기도하기, (온라인 비대면) 예배 참여하기, (오프라인 대면) 예배 참여하기였다.

[그림 3-23] The Locus for Focus모델을 활용한
서울·경기·인천 지역 청소년 신앙생활 우선순위

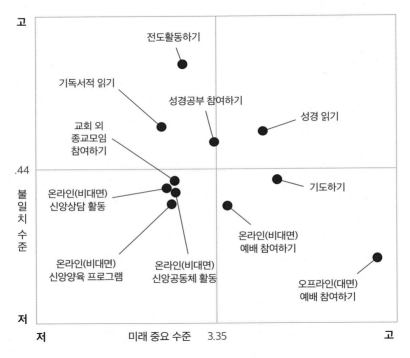

<표 3-48> The Locus for Focus 모델을 활용한
서울·경기·인천 지역 청소년 신앙생활 우선순위

분면	신앙생활 우선순위
1사분면(고고)	성경 읽기
2사분면(저고)	성경공부 참여하기, 전도활동하기, 기독서적 읽기
3사분면(저저)	교회 외 종교모임 참여하기, (온라인 비대면) 신앙상담활동, (온라인 비대면) 신앙공동체활동, (온라인 비대면) 신앙양육프로그램,
4사분면(고저)	기도하기, (온라인 비대면) 예배 참여하기, (오프라인 대면) 예배 참여하기

The Locus for Focus 모델을 활용한 우선순위 영역에 포함된 항목 개수와
항목들을 고려하여 Borich의 요구도 우선순위와 비교한 결과는 <표 3-49>와
같다.

<표 3-49> 서울·경기·인천 지역 청소년 신앙생활 우선순위 결정

Borich 요구도 순위	신앙생활	우선순위 도출법	
		Borich 요구도	Locus For Focus
1	전도활동하기	◎	
2	성경읽기	◎	◎
3	기독서적 읽기	◎	
4	성경공부 참여하기	◎	
5	기도하기	◎	◎
6	교회 외 종교모임 참여하기	◎	
7	(온라인 비대면)신앙 상담활동	◎	
8	(온라인 비대면)신앙공동체 활동	◎	
9	(온라인 비대면)예배 참여하기	◎	◎
10	(온라인 비대면)신앙양육 프로그램	◎	
11	(오프라인 대면)예배 참여하기	◎	◎

Borich 요구도와 The Locus for Focus 모델의 우선순위 도출 방법에 따라 공통적으로 요구가 높은 분야로 나타난 것은 성경 읽기, 기도하기, (온라인 비대면) 예배 참여하기, (오프라인 대면) 예배 참여하기의 4개 분야이다. 이는 11개 분야 중 우선적으로 고려해야 할 요구라고 할 수 있다.

② 부산·울산·경남 지역 청소년의 신앙생활 요구도

부산·울산·경남 지역 청소년의 신앙생활에 대한 요구도를 분석하기 위해서 대응표본 t검정을 실시하였다. 현재 선호 수준과 미래 중요 수준에서 모두 (오프라인 대면) 예배 참여하기의 평균이 가장 높았으며, 대응표본 t검정 결과, 11개 분야에서 모두 통계적으로 유의미한 차이를 보였다. 본 연구에서 요구는 현재 선호 수준과 미래 중요 수준 간의 차이로 정의되기 때문에 모든 분야에서 갭gap으로서의 요구가 존재하였다. 다음으로 Borich의 요구도 값을 산출한 결과 가장 높은 요구도 값은 전도활동하기(2.29)였으며, 그 다음 순으로 성경 읽기(1.76), 기독서적 읽기(1.62) 등의 순이었다. Borich의 요구도 값과 t값을 비교해 보면 t값의 순위와 요구도 순위가 거의 일치하였다. 이상의 부산·울산·경남 지역 청소년 청소년의 신앙생활에 대한 요구도에 대한 우선순위 분석방법을 정리하면 <표 3-50>과 같다.

<표 3-50> 부산·울산·경남 지역 청소년의 신앙생활에 대한 요구도 분석

구분	현재선호도		미래중요도		차이		요구도	순위
	평균	순위	평균	순위	평균	t값		
(오프라인 대면) 예배 참여하기	3.70	1	3.83	1	.13	4.220***	0.50	11
(온라인 비대면) 예배 참여하기	3.06	3	3.35	5	.29	8.012***	0.98	10
(온라인 비대면) 신앙양육 프로그램	2.84	6	3.21	9	.37	10.587***	1.18	8
(온라인 비대면) 신앙공동체 활동	2.84	8	3.20	10	.36	10.462***	1.16	9
(온라인 비대면) 신앙 상담활동	2.80	9	3.18	11	.38	10.473***	1.20	7
기도하기	3.26	2	3.62	2	.37	10.656***	1.32	5
성경읽기	3.06	4	3.55	3	.50	13.948***	1.76	2
성경공부 참여하기	3.00	5	3.43	4	.43	12.394***	1.47	4
기독서적 읽기	2.79	10	3.28	7	.49	14.454***	1.62	3
교회 외 종교모임 참여하기	2.86	7	3.23	8	.37	10.440***	1.20	6
전도활동하기	2.58	11	3.28	6	.70	17.206***	2.29	1

***$p < .001$

다음으로 부산·울산·경남 지역 청소년 신앙생활을 The Locus for Focus 모델을 활용하여 우선순위를 분석한 결과는 [그림 3-24]와 <표 3-51>과 같다. 청소년들이 인식하고 있는 신앙생활의 미래 중요 수준 평균은 3.45이며, 불일치 수준미래 중요 수준-현재 선호 수준의 평균은 0.49로 나타났다. 제1사분면에 포함되는 신앙생활은 성경 읽기와 성경공부 참여하기였고, 제2사분면에는 전도활동하기, 기독서적 읽기였으며, 제3사분면에는 교회 외 종교모임 참여하기, (온라인 비대면) 신앙상담활동, (온라인 비대면) 신앙공동체활동, (온라인 비대면) 신앙양육프로그램, (온라인 비대면) 예배 참여하기였고, 제4사분면에 포함되는 신앙활동은 기도하기와 (오프라인 대면) 예배 참여하기였다.

[그림 3-24] The Locus for Focus모델을 활용한
부산·울산·경남 지역 청소년 신앙생활 우선순위

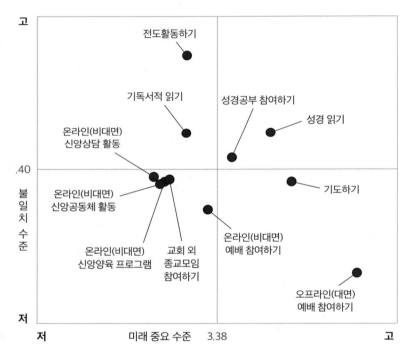

<표 3-51> The Locus for Focus 모델을 활용한
부산·울산·경남 지역 청소년 신앙생활 우선순위

분면	신앙생활 우선순위
1사분면(고고)	성경 읽기, 성경공부 참여하기
2사분면(저고)	전도활동하기, 기독서적 읽기
3사분면(저저)	교회 외 종교모임 참여하기, (온라인 비대면) 신앙상담활동, (온라인 비대면) 신앙공동체활동, (온라인 비대면) 신앙양육프로그램, (온라인 비대면) 예배 참여하기
4사분면(고저)	기도하기, (오프라인 대면) 예배 참여하기

The Locus for Focus 모델을 활용한 우선순위 영역에 포함된 항목 개수와
항목들을 고려하여 Borich의 요구도 우선순위와 비교한 결과는 <표 3-52>와
같다.

<표 3-52> 부산·울산·경남 지역 청소년 신앙생활 우선순위 결정

Borich 요구도 순위	신앙생활	우선순위 도출법	
		Borich 요구도	Locus For Focus
1	전도활동하기	◎	
2	성경읽기	◎	◎
3	기독서적 읽기	◎	
4	성경공부 참여하기	◎	◎
5	기도하기	◎	◎
6	교회 외 종교모임 참여하기	◎	
7	(온라인 비대면)신앙 상담활동	◎	
8	(온라인 비대면)신앙양육 프로그램	◎	
9	(온라인 비대면)신앙공동체 활동	◎	
10	(온라인 비대면)예배 참여하기	◎	
11	(오프라인 대면)예배 참여하기	◎	◎

Borich 요구도와 The Locus for Focus 모델의 우선순위 도출 방법에 따라 공통적으로 요구가 높은 분야로 나타난 것은 성경 읽기, 성경공부 참여하기, 기도하기, (오프라인 대면) 예배 참여하기의 4개 분야이다. 이는 11개 분야 중 우선적으로 고려해야 할 요구라고 할 수 있다.

③ 대구·경북 지역 청소년의 신앙생활 요구도

대구·경북 지역 청소년의 신앙생활에 대한 요구도를 분석하기 위해서 대응 표본 t검정을 실시하였다. 현재 선호 수준과 미래 중요 수준에서 모두 (오프라 인 대면) 예배 참여하기의 평균이 가장 높았으며, 대응표본 t검정 결과, (오프 라인 대면) 예배 참여하기를 제외하고 10개 분야에서 통계적으로 유의미한 차 이를 보였다. 본 연구에서 요구는 현재 선호 수준과 미래 중요 수준 간의 차이 로 정의되기 때문에 (오프라인 대면) 예배 참여하기를 제외하고 10개 분야에 서 갭gap으로서의 요구가 존재하였다. 그러나 (오프라인 대면) 예배 참여하기 가 통계적으로 유의미한 차이를 나타내지 않았다고 해서 요구가 없다고 해석 하는 것은 곤란하다. 왜냐하면 현재 선호 수준과 미래 중요 수준에서 가장 높 은 평균을 나타내었기 때문이다. 다음으로 Borich의 요구도 값을 산출한 결과 가장 높은 요구도 값은 전도활동하기(1.99)였으며, 그 다음 순으로 성경 읽기 (1.66), 기독서적 읽기(1.49) 등의 순이었다. Borich의 요구도 값과 t값을 비교 해 보면 t값의 순위와 요구도 순위가 일치하였다. 이상의 대구·경북 지역 청소 년 청소년의 신앙생활에 대한 요구도에 대한 우선순위 분석방법을 정리하면 <표 3-53>과 같다.

<표 3-53> 대구·경북 지역 청소년의 신앙생활에 대한 요구도 분석

구분	현재선호도		미래중요도		차이		요구도	순위
	평균	순위	평균	순위	평균	t값		
(오프라인 대면) 예배 참여하기	3.76	1	3.88	1	.12	1.761	0.45	11
(온라인 비대면) 예배 참여하기	3.13	3	3.35	5	.22	3.090**	0.73	10
(온라인 비대면) 신앙양육 프로그램	2.92	6	3.22	9	.31	5.078***	0.99	7
(온라인 비대면) 신앙공동체 활동	2.93	8	3.20	10	.27	4.704***	0.85	8
(온라인 비대면) 신앙 상담활동	2.90	9	3.14	11	.24	3.914***	0.74	9
기도하기	3.25	2	3.62	2	.37	5.579***	1.33	4
성경읽기	3.09	4	3.56	3	.47	7.299***	1.66	2
성경공부 참여하기	3.08	5	3.43	4	.34	5.294***	1.17	5
기독서적 읽기	2.79	10	3.25	7	.46	6.528***	1.49	3
교회 외 종교모임 참여하기	2.95	7	3.28	8	.33	4.791***	1.09	6
전도활동하기	2.63	11	3.24	6	.61	9.255***	1.99	1

**$p<.01$, ***$p<.001$

다음으로 대구·경북 지역 청소년 신앙생활을 The Locus for Focus 모델을 활용하여 우선순위를 분석한 결과는 [그림 3-25]와 <표 3-54>와 같다. 청소년들이 인식하고 있는 신앙생활의 미래 중요 수준 평균은 3.28이며, 불일치 수준 미래 중요 수준-현재 선호 수준의 평균은 0.34로 나타났다. 제1사분면에 포함되는 신앙생활은 성경 읽기, 성경공부 참여하기, 기도하기였고, 제2사분면에는 전도활동하기, 기독서적 읽기였으며, 제3사분면에는 교회 외 종교모임 참여하기,

(온라인 비대면) 신앙상담활동, (온라인 비대면) 신앙공동체활동, (온라인 비대면) 신앙양육프로그램, (온라인 비대면) 예배 참여하기였고, 제4사분면에 포함되는 신앙활동은 (오프라인 대면) 예배 참여하기였다.

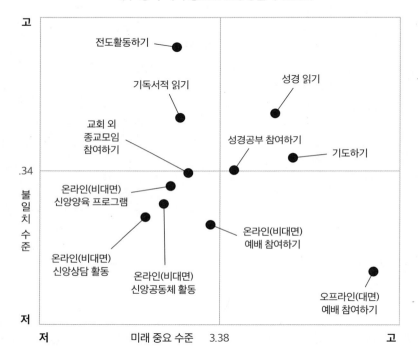

[그림 3-25] The Locus for Focus모델을 활용한
대구·경북 지역 청소년 신앙생활 우선순위

<표 3-54> The Locus for Focus 모델을 활용한
대구·경북 지역 청소년 신앙생활 우선순위

분면	신앙생활 우선순위
1사분면(고고)	성경 읽기, 성경공부 참여하기, 기도하기
2사분면(저고)	전도활동하기, 기독서적 읽기
3사분면(저저)	교회 외 종교모임 참여하기, (온라인 비대면) 신앙상담활동, (온라인 비대면) 신앙공동체활동, (온라인 비대면) 신앙양육프로그램, (온라인 비대면) 예배 참여하기
4사분면(고저)	(오프라인 대면) 예배 참여하기

The Locus for Focus 모델을 활용한 우선순위 영역에 포함된 항목 개수와 항목들을 고려하여 Borich의 요구도 우선순위와 비교한 결과는 <표 3-55>와 같다.

<표 3-55> 대구·경북 지역 청소년 신앙생활 우선순위 결정

Borich 요구도 순위	신앙생활	우선순위 도출법	
		Borich 요구도	Locus For Focus
1	전도활동하기	◎	
2	성경읽기	◎	◎
3	기독서적 읽기	◎	
4	기도하기	◎	◎
5	성경공부 참여하기	◎	◎
6	교회 외 종교모임 참여하기	◎	
7	(온라인 비대면)신앙양육 프로그램	◎	
8	(온라인 비대면)신앙공동체 활동	◎	
9	(온라인 비대면)신앙 상담활동	◎	
10	(온라인 비대면)예배 참여하기	◎	
11	(오프라인 대면)예배 참여하기	◎	◎

Borich 요구도와 The Locus for Focus 모델의 우선순위 도출 방법에 따라 공통적으로 요구가 높은 분야로 나타난 것은 성경 읽기, 성경공부 참여하기, 기도하기, (오프라인 대면) 예배 참여하기의 4개 분야이다. 이는 11개 분야 중 우선적으로 고려해야 할 요구라고 할 수 있다.

④ 강원·충청·전라·제주 지역 청소년의 신앙생활 요구도

강원·충청·전라·제주 지역 청소년의 신앙생활에 대한 요구도를 분석하기 위해서 대응표본 t검정을 실시하였다. 현재 선호 수준과 미래 중요 수준에서 모두 (오프라인 대면) 예배 참여하기의 평균이 가장 높았으며, 대응표본 t검정 결과, (온라인 비대면) 예배 참여하기를 제외하고 10개 분야에서 통계적으로 유의미한 차이를 보였다. 본 연구에서 요구는 현재 선호 수준과 미래 중요 수준 간의 차이로 정의되기 때문에 (온라인 비대면) 예배 참여하기를 제외하고 10개 분야에서 갭gap으로서의 요구가 존재하였다. 다음으로 Borich의 요구도 값을 산출한 결과 가장 높은 요구도 값은 전도활동하기(2.80)였으며, 그 다음 순으로 성경 읽기(2.23), 기도하기(2.10) 등의 순이었다. Borich의 요구도 값과 t값을 비교해 보면 t값의 순위와 요구도 순위가 일치하였다. 이상의 강원·충청·전라·제주 지역 청소년 청소년의 신앙생활에 대한 요구도에 대한 우선순위 분석방법을 정리하면 <표 3-56>과 같다.

<표 3-56> 강원·충청·전라·제주 지역 청소년의 신앙생활에 대한 요구도 분석

구분	현재선호도		미래중요도		차이		요구도	순위
	평균	순위	평균	순위	평균	t값		
(오프라인 대면) 예배 참여하기	3.67	1	3.94	1	.27	3.629***	1.06	9
(온라인 비대면) 예배 참여하기	3.15	3	3.29	5	.14	1.791	0.47	11
(온라인 비대면) 신앙양육 프로그램	2.95	6	3.26	9	.31	3.866***	1.02	10
(온라인 비대면) 신앙공동체 활동	2.89	8	3.25	10	.36	4.478***	1.17	7
(온라인 비대면) 신앙 상담활동	2.86	9	3.20	11	.34	4.339***	1.09	8
기도하기	3.17	2	3.74	2	.56	7.123***	2.10	3
성경읽기	3.05	4	3.66	3	.61	7.345***	2.23	2
성경공부 참여하기	2.96	5	3.53	4	.57	7.080***	2.01	4
기독서적 읽기	2.73	10	3.32	7	.59	7.155***	1.97	5
교회 외 종교모임 참여하기	2.91	7	3.39	8	.48	5.309***	1.62	6
전도활동하기	2.59	11	3.41	6	.82	8.994***	2.80	1

***$p<.001$

다음으로 강원·충청·전라·제주 지역 청소년 신앙생활을 The Locus for Focus 모델을 활용하여 우선순위를 분석한 결과는 [그림 3-26]과 <표 3-57>과 같다. 청소년들이 인식하고 있는 신앙생활의 미래 중요 수준 평균은 3.28이며, 불일치 수준미래 중요 수준-현재 선호 수준의 평균은 0.34로 나타났다. 제1사분면에 포함되는 신앙생활은 성경 읽기, 성경공부 참여하기, 기도하기였고, 제2사분면에는 전도활동하기, 기독서적 읽기, 교회 외 종교모임 참여하기였으며, 제

3사분면에는 (온라인 비대면) 신앙상담활동, (온라인 비대면) 신앙공동체활동, (온라인 비대면) 신앙양육프로그램, (온라인 비대면) 예배 참여하기였고, 제4사분면에 포함되는 신앙활동은 (오프라인 대면) 예배 참여하기였다.

[그림 3-26] The Locus for Focus모델을 활용한
강원·충청·전라·제주 지역 청소년 신앙생활 우선순위

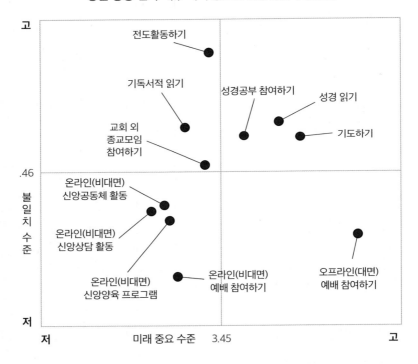

<표 3-57> The Locus for Focus 모델을 활용한
강원·충청·전라·제주 지역 청소년 신앙생활 우선순위

분면	신앙생활 우선순위
1사분면(고고)	성경 읽기, 성경공부 참여하기, 기도하기
2사분면(저고)	전도활동하기, 기독서적 읽기, 교회 외 종교모임 참여하기
3사분면(저저)	(온라인 비대면)신앙상담활동, (온라인 비대면)신앙공동체활동, (온라인 비대면)신앙양육프로그램, (온라인 비대면)예배 참여하기
4사분면(고저)	(오프라인 대면)예배 참여하기

The Locus for Focus 모델을 활용한 우선순위 영역에 포함된 항목 개수와 항목들을 고려하여 Borich의 요구도 우선순위와 비교한 결과는 <표 3-58>과 같다.

<표 3-58> 강원·충청·전라·제주 지역 청소년 신앙생활 우선순위 결정

Borich 요구도 순위	신앙생활	우선순위 도출법	
		Borich 요구도	Locus For Focus
1	전도활동하기	◎	
2	성경읽기	◎	◎
3	기도하기	◎	◎
4	성경공부 참여하기	◎	◎
5	기독서적 읽기	◎	
6	교회 외 종교모임 참여하기	◎	
7	(온라인 비대면) 신앙공동체 활동	◎	
8	(온라인 비대면) 신앙 상담활동	◎	
9	(온라인 비대면) 예배 참여하기		
10	(온라인 비대면) 신앙양육 프로그램	◎	
11	(오프라인 대면) 예배 참여하기	◎	◎

Borich 요구도와 The Locus for Focus 모델의 우선순위 도출 방법에 따라 공통적으로 요구가 높은 분야로 나타난 것은 성경 읽기, 성경공부 참여하기, 기도하기, (오프라인 대면) 예배 참여하기의 4개 분야이다. 이는 11개 분야 중 우선적으로 고려해야 할 요구라고 할 수 있다.

3) 학교급에 따른 청소년의 신앙생활 요구도

① 중학생 청소년의 신앙생활 요구도

중학생 청소년의 신앙생활에 대한 요구도를 분석하기 위해서 대응표본 t검정을 실시하였다. 현재 선호 수준과 미래 중요 수준에서 모두 (오프라인 대면) 예배 참여하기의 평균이 가장 높았으며, 대응표본 t검정 결과, 11개 분야에서 모두 통계적으로 유의미한 차이를 보였다. 본 연구에서 요구는 현재 선호 수준과 미래 중요 수준 간의 차이로 정의되기 때문에 모든 분야에서 갭gap으로서의 요구가 존재하였다. 다음으로 Borich의 요구도 값을 산출한 결과 가장 높은 요구도 값은 전도활동하기(1.85)였으며, 그 다음 순으로 기독서적 읽기(1.47), 성경 읽기(1.44) 등의 순이었다. Borich의 요구도 값과 t값을 비교해보면 t값의 순위와 요구도 순위가 거의 일치하였다. 이상의 중학생 청소년 청소년의 신앙생활에 대한 요구도에 대한 우선순위 분석방법을 정리하면 <표 3-59>와 같다.

<표 3-59> 중학생 청소년의 신앙생활에 대한 요구도 분석

구분	현재선호도		미래중요도		차이		요구도	순위
	평균	순위	평균	순위	평균	t값		
(오프라인 대면) 예배 참여하기	3.60	1	3.75	1	.15	4.562***	0.56	11
(온라인 비대면) 예배 참여하기	3.11	3	3.34	5	.22	5.988***	0.75	10
(온라인 비대면) 신앙양육 프로그램	2.94	6	3.21	9	.27	8.233***	0.87	9
(온라인 비대면) 신앙공동체 활동	2.94	8	3.23	10	.29	8.465***	0.92	7
(온라인 비대면) 신앙 상담활동	2.87	9	3.16	11	.29	8.655***	0.92	8
기도하기	3.25	2	3.56	2	.31	9.380***	1.09	6
성경읽기	3.07	4	3.49	3	.41	11.810***	1.44	3
성경공부 참여하기	3.02	5	3.39	4	.37	10.388***	1.24	4
기독서적 읽기	2.80	10	3.25	7	.45	12.725***	1.47	2
교회 외 종교모임 참여하기	2.90	7	3.25	8	.35	9.874***	1.12	5
전도활동하기	2.66	11	3.24	6	.57	14.903***	1.85	1

***$p<.001$

다음으로 중학생 청소년 신앙생활을 The Locus for Focus 모델을 활용하여 우선순위를 분석한 결과는 [그림 3-27]과 <표 3-60>과 같다. 청소년들이 인식하고 있는 신앙생활의 미래 중요 수준 평균은 3.35이며, 불일치 수준미래 중요 수준-현재 선호 수준의 평균은 0.33으로 나타났다. 제1사분면에 포함되는 신앙 생활은 성경 읽기와 성경공부 참여하기였고, 제2사분면에는 전도활동하기, 기독서적 읽기, 교회 외 종교모임 참여하기였으며, 제3사분면에는 (온라인 비대면)신앙상담활동, (온라인 비대면)신앙공동체활동, (온라인 비대면)신앙양육 프로그램, (온라인 비대면)예배 참여하기였고, 제4사분면에 포함되는 신앙활동은 기도하기와 (오프라인 대면)예배 참여하기였다.

[그림 3-27] The Locus for Focus모델을 활용한 중학생 청소년 신앙생활 우선순위

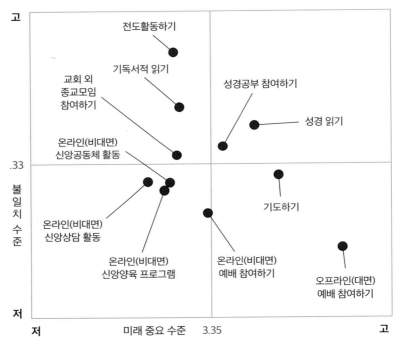

<표 3-60> The Locus for Focus 모델을 활용한 중학생 청소년 신앙생활 우선순위

분면	신앙생활 우선순위
1사분면(고고)	성경 읽기, 성경공부 참여하기
2사분면(저고)	전도활동하기, 기독서적 읽기, 교회 외 종교모임 참여하기
3사분면(저저)	(온라인 비대면) 신앙상담활동, (온라인 비대면) 신앙공동체활동, (온라인 비대면) 신앙양육프로그램, (온라인 비대면) 예배 참여하기
4사분면(고저)	기도하기, (오프라인 대면) 예배 참여하기

The Locus for Focus 모델을 활용한 우선순위 영역에 포함된 항목 개수와 항목들을 고려하여 Borich의 요구도 우선순위와 비교한 결과는 <표 3-61>과 같다.

<표 3-61> 중학생 청소년 신앙생활 우선순위 결정

Borich 요구도 순위	신앙생활	우선순위 도출법	
		Borich 요구도	Locus For Focus
1	전도활동하기	◎	
2	기독서적 읽기	◎	
3	성경읽기	◎	◎
4	성경공부 참여하기	◎	◎
5	교회 외 종교모임 참여하기	◎	
6	기도하기	◎	◎
7	(온라인 비대면) 신앙공동체 활동	◎	
8	(온라인 비대면) 신앙 상담활동	◎	
9	(온라인 비대면) 신앙양육 프로그램	◎	
10	(온라인 비대면) 예배 참여하기	◎	
11	(오프라인 대면) 예배 참여하기	◎	◎

Borich 요구도와 The Locus for Focus 모델의 우선순위 도출 방법에 따라 공통적으로 요구가 높은 분야로 나타난 것은 성경 읽기, 성경공부 참여하기, 기도하기, (오프라인 대면) 예배 참여하기의 4개 분야이다. 이는 11개 분야 중 우선적으로 고려해야 할 요구라고 할 수 있다.

② 고등학생 청소년의 신앙생활 요구도

고등학생 청소년의 신앙생활에 대한 요구도를 분석하기 위해서 대응표본 t검정을 실시하였다. 현재 선호 수준과 미래 중요 수준에서 모두 (오프라인 대면) 예배 참여하기의 평균이 가장 높았으며, 대응표본 t검정 결과, 11개 분야에서 모두 통계적으로 유의미한 차이를 보였다. 본 연구에서 요구는 현재 선호 수준과 미래 중요 수준 간의 차이로 정의되기 때문에 모든 분야에서 갭 gap으로서의 요구가 존재하였다. 다음으로 Borich의 요구도 값을 산출한 결과 가장 높은 요구도 값은 전도활동하기(2.70)였으며, 그 다음 순으로 성경 읽기(2.23), 기독서적 읽기(1.81) 등의 순이었다. Borich의 요구도 값과 t값을 비교해 보면 t값의 순위와 요구도 순위가 거의 일치하였다. 이상의 고등학생 청소년의 신앙생활에 대한 요구도에 대한 우선순위 분석방법을 정리하면 <표 3-62>와 같다.

<표 3-62> 고등학생 청소년의 신앙생활에 대한 요구도 분석

구분	현재선호도		미래중요도		차이		요구도	순위
	평균	순위	평균	순위	평균	t값		
(오프라인 대면) 예배 참여하기	3.81	1	3.96	1	.15	4.510***	0.61	11
(온라인 비대면) 예배 참여하기	3.05	3	3.36	5	.32	8.231***	1.06	10
(온라인 비대면) 신앙양육 프로그램	2.79	6	3.20	9	.41	10.636***	1.31	7
(온라인 비대면) 신앙공동체 활동	2.78	8	3.17	10	.39	10.630***	1.25	9
(온라인 비대면) 신앙 상담활동	2.77	9	3.18	11	.41	10.525***	1.30	8
기도하기	3.20	2	3.67	2	.47	12.354***	1.73	5
성경읽기	2.99	4	3.61	3	.62	15.945***	2.23	2
성경공부 참여하기	2.91	5	3.43	4	.52	14.255***	1.77	4
기독서적 읽기	2.67	10	3.23	7	.56	14.717***	1.81	3
교회 외 종교모임 참여하기	2.80	7	3.23	8	.43	10.989***	1.40	6
전도활동하기	2.49	11	3.31	6	.82	18.816***	2.70	1

***$p<.001$

다음으로 고등학생 청소년 신앙생활을 The Locus for Focus 모델을 활용하여 우선순위를 분석한 결과는 [그림 3-28]과 <표 3-63>과 같다. 청소년들이 인식하고 있는 신앙생활의 미래 중요 수준 평균은 3.40이며, 불일치 수준미래 중요 수준-현재 선호 수준의 평균은 0.46으로 나타났다. 제1사분면에 포함되는 신앙 생활은 성경 읽기, 성경공부 참여하기, 기도하기였고, 제2사분면에는 전도활동하기, 기독서적 읽기였으며, 제3사분면에는 (온라인 비대면) 신앙상담활동,

(온라인 비대면) 신앙공동체활동, 교회 외 종교모임 참여하기, (온라인 비대면) 신앙양육프로그램, (온라인 비대면) 예배 참여하기였고, 제4사분면에 포함되는 신앙활동은 (오프라인 대면) 예배 참여하기였다.

[그림 3-28] The Locus for Focus모델을 활용한 고등학생 청소년 신앙생활 우선순위

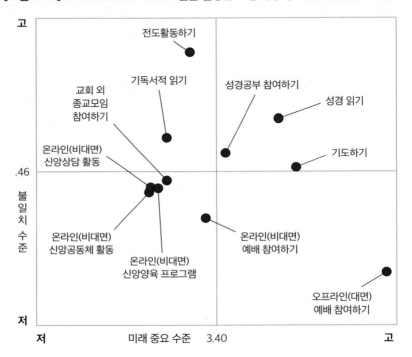

<표 3-63> The Locus for Focus 모델을 활용한 고등학생 청소년 신앙생활 우선순위

분면	신앙생활 우선순위
1사분면(고고)	성경 읽기, 성경공부 참여하기, 기도하기
2사분면(저고)	전도활동하기, 기독서적 읽기
3사분면(저저)	(온라인 비대면) 신앙상담활동, (온라인 비대면) 신앙공동체활동, (온라인 비대면) 신앙양육프로그램, 교회 외 종교모임 참여하기, (온라인 비대면) 예배 참여하기
4사분면(고저)	(오프라인 대면) 예배 참여하기

The Locus for Focus 모델을 활용한 우선순위 영역에 포함된 항목 개수와 항목들을 고려하여 Borich의 요구도 우선순위와 비교한 결과는 <표 3-64>와 같다.

<표 3-64> 고등학생 청소년 신앙생활 우선순위 결정

Borich 요구도 순위	신앙생활	우선순위 도출법	
		Borich 요구도	Locus For Focus
1	전도활동하기	◎	
2	성경읽기	◎	◎
3	기독서적 읽기	◎	
4	성경공부 참여하기	◎	◎
5	기도하기	◎	◎
6	교회 외 종교모임 참여하기	◎	
7	(온라인 비대면) 신앙양육 프로그램	◎	
8	(온라인 비대면) 신앙 상담활동	◎	
9	(온라인 비대면) 신앙공동체 활동	◎	
10	(온라인 비대면) 예배 참여하기	◎	
11	(오프라인 대면) 예배 참여하기	◎	◎

Borich 요구도와 The Locus for Focus 모델의 우선순위 도출 방법에 따라 공통적으로 요구가 높은 분야로 나타난 것은 성경 읽기, 성경공부 참여하기, 기도하기, (오프라인 대면) 예배 참여하기의 4개 분야이다. 이는 11개 분야 중 우선적으로 고려해야 할 요구라고 할 수 있다.

③ 홈스쿨링·대안학교 청소년의 신앙생활 요구도

홈스쿨링·대안학교 청소년의 신앙생활에 대한 요구도를 분석하기 위해서 대응표본 t검정을 실시하였다. 현재 선호 수준과 미래 중요 수준에서 모두 (오프라인 대면) 예배 참여하기의 평균이 가장 높았으며, 대응표본 t검정 결과, (오프라인 대면) 예배 참여하기를 제외하고 10개 분야에서 통계적으로 유의미한 차이를 보였다. 본 연구에서 요구는 현재 선호 수준과 미래 중요 수준 간의 차이로 정의되기 때문에 (오프라인 대면) 예배 참여하기를 제외하고 10개 분야에서 갭gap으로서의 요구가 존재하였다. 그러나 (오프라인 대면) 예배 참여하기가 통계적으로 유의미한 차이를 나타내지 않았다고 해서 요구가 없다고 해석하는 것은 곤란하다. 왜냐하면 현재 선호 수준과 미래 중요 수준에서 가장 높은 평균을 나타내었기 때문이다. 다음으로 Borich의 요구도 값을 산출한 결과 가장 높은 요구도 값은 전도활동하기(3.91)였으며, 그 다음 순으로 성경공부 참여하기(2.71), 기독서적 읽기(2.60) 등의 순이었다. Borich의 요구도 값과 t값을 비교해 보면 t값의 순위와 요구도 순위가 일치하였다. 이상의 홈스쿨링·대안학교 청소년 청소년의 신앙생활에 대한 요구도에 대한 우선순위 분석 방법을 정리하면 <표 3-65>와 같다.

<표 3-65> 홈스쿨링·대안학교 청소년의 신앙생활에 대한 요구도 분석

구분	현재선호도		미래중요도		차이		요구도	순위
	평균	순위	평균	순위	평균	t값		
(오프라인 대면) 예배 참여하기	4.03	1	4.27	1	.24	1.844	1.01	10
(온라인 비대면) 예배 참여하기	2.95	3	3.46	5	.51	3.440**	1.76	9
(온라인 비대면) 신앙양육 프로그램	2.83	6	3.46	9	.63	4.056***	2.17	6
(온라인 비대면) 신앙공동체 활동	2.68	8	3.39	10	.71	4.653***	2.41	4
(온라인 비대면) 신앙 상담활동	2.75	9	3.32	11	.58	3.545**	1.91	8
기도하기	3.29	2	3.88	2	.59	4.801***	2.30	5
성경읽기	3.34	4	3.86	3	.53	3.605**	2.03	7
성경공부 참여하기	2.98	5	3.71	4	.73	4.901***	2.71	2
기독서적 읽기	2.75	10	3.49	7	.75	5.873***	2.60	3
교회 외 종교모임 참여하기	3.08	7	3.37	8	.29	2.139*	0.97	11
전도활동하기	2.24	11	3.39	6	1.15	6.216***	3.91	1

*$p<.05$, **$p<.01$, ***$p<.001$

다음으로 홈스쿨링·대안학교 청소년 신앙생활을 The Locus for Focus 모델을 활용하여 우선순위를 분석한 결과는 [그림 3-29]과 <표 3-66>과 같다. 청소년들이 인식하고 있는 신앙생활의 미래 중요 수준 평균은 3.60이며, 불일치 수준미래 중요 수준-현재 선호 수준의 평균은 0.61로 나타났다. 제1사분면에 포함되는 신앙생활은 성경공부 참여하기였고, 제2사분면에는 전도활동하기, 기독서적 읽기, (온라인 비대면) 신앙공동체활동, (온라인 비대면) 신앙양육프로그램이었으며, 제3사분면에는 (온라인 비대면)신앙상담활동, 교회 외 종교모임 참여하기, (온라인 비대면) 예배 참여하기였고, 제4사분면에 포함되는 신앙활동은 성경 읽기, 기도하기, (오프라인 대면) 예배 참여하기였다.

[그림 3-29] The Locus for Focus모델을 활용한
홈스쿨링·대안학교 청소년 신앙생활 우선순위

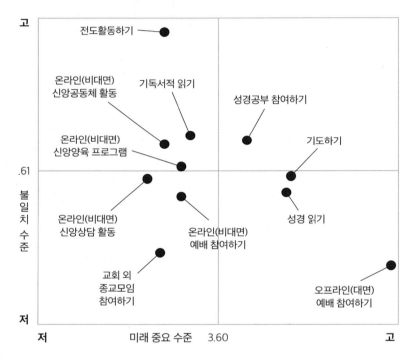

<표 3-66> The Locus for Focus 모델을 활용한
홈스쿨링·대안학교 청소년 신앙생활 우선순위

분면	신앙생활 우선순위
1사분면(고고)	성경공부 참여하기
2사분면(저고)	전도활동하기, 기독서적 읽기, (온라인 비대면) 신앙공동체활동, (온라인 비대면) 신앙양육프로그램
3사분면(저저)	(온라인 비대면) 신앙상담활동, 교회 외 종교모임 참여하기, (온라인 비대면) 예배 참여하기
4사분면(고저)	성경 읽기, 기도하기, (오프라인 대면) 예배 참여하기

The Locus for Focus 모델을 활용한 우선순위 영역에 포함된 항목 개수와 항목들을 고려하여 Borich의 요구도 우선순위와 비교한 결과는 <표 3-67>과 같다.

<표 3-67> 홈스쿨링·대안학교 청소년 신앙생활 우선순위 결정

Borich 요구도 순위	신앙생활	우선순위 도출법	
		Borich 요구도	Locus For Focus
1	전도활동하기	◎	
2	성경공부 참여하기	◎	◎
3	기독서적 읽기	◎	
4	(온라인 비대면) 신앙공동체 활동	◎	
5	기도하기	◎	◎
6	(온라인 비대면) 신앙양육 프로그램	◎	
7	성경읽기	◎	◎
8	(온라인 비대면) 신앙 상담활동	◎	
9	(온라인 비대면) 예배 참여하기	◎	
10	(오프라인 대면) 예배 참여하기	◎	◎
11	교회 외 종교모임 참여하기	◎	

Borich 요구도와 The Locus for Focus 모델의 우선순위 도출 방법에 따라 공통적으로 요구가 높은 분야로 나타난 것은 성경 읽기, 성경공부 참여하기, 기도하기, (오프라인 대면) 예배 참여하기의 4개 분야이다. 이는 11개 분야 중 우선적으로 고려해야 할 요구라고 할 수 있다.

4) 청소년부 인원에 따른 청소년의 신앙생활 요구도

① 10명 미만 청소년부의 신앙생활 요구도

10명 미만 청소년부의 신앙생활에 대한 요구도를 분석하기 위해서 대응표본 t검정을 실시하였다. 현재 선호 수준과 미래 중요 수준에서 모두 (오프라인 대면) 예배 참여하기의 평균이 가장 높았으며, 대응표본 t검정 결과, 11개 분야에서 모두 통계적으로 유의미한 차이를 보였다. 본 연구에서 요구는 현재 선호 수준과 미래 중요 수준 간의 차이로 정의되기 때문에 모든 분야에서 갭gap으로서의 요구가 존재하였다. 다음으로 Borich의 요구도 값을 산출한 결과 가장 높은 요구도 값은 전도활동하기(2.50)였으며, 그 다음 순으로 기독서적 읽기(2.00), 성경공부 참여하기(1.85) 등의 순이었다. Borich의 요구도 값과 t값을 비교해 보면 t값의 순위와 요구도 순위가 일치하였다. 이상의 10명 미만 청소년부의 신앙생활에 대한 요구도에 대한 우선순위 분석방법을 정리하면 <표 3-68>과 같다.

구분	현재선호도		미래중요도		차이		요구도	순위
	평균	순위	평균	순위	평균	t값		
(오프라인 대면) 예배 참여하기	3.48	1	3.82	1	.35	4.879***	1.32	7
(온라인 비대면) 예배 참여하기	2.94	3	3.27	5	.33	4.117***	1.08	11
(온라인 비대면) 신앙양육 프로그램	2.88	6	3.26	9	.38	4.608***	1.23	8
(온라인 비대면) 신앙공동체 활동	2.84	8	3.19	10	.35	4.410***	1.12	10
(온라인 비대면) 신앙 상담활동	2.82	9	3.19	11	.37	4.870***	1.17	9
기도하기	3.18	2	3.61	2	.43	5.480***	1.53	5
성경읽기	3.05	4	3.55	3	.50	6.613***	1.77	4
성경공부 참여하기	3.02	5	3.54	4	.52	7.753***	1.85	3
기독서적 읽기	2.73	10	3.33	7	.60	7.832***	2.00	2
교회 외 종교모임 참여하기	2.85	7	3.27	8	.42	5.175***	1.37	6
전도활동하기	2.64	11	3.38	6	.74	8.907***	2.50	1

***$p<.001$

다음으로 10명 미만 청소년부 신앙생활을 The Locus for Focus 모델을 활용하여 우선순위를 분석한 결과는 [그림 3-30]과 <표 3-69>와 같다. 10명 미만 청소년부가 인식하고 있는 신앙생활의 미래 중요 수준 평균은 3.40이며, 불일치 수준미래 중요 수준-현재 선호 수준의 평균은 0.45로 나타났다. 제1사분면에 포함되는 신앙생활은 성경 읽기와 성경공부 참여하기였고, 제2사분면에는 전도활동하기, 기독서적 읽기였으며, 제3사분면에는 교회 외 종교모임 참여하기, (온라인 비대면) 신앙상담활동, (온라인 비대면) 신앙공동체활동, (온라인 비대면) 신앙양육프로그램, (온라인 비대면) 예배 참여하기였고, 제4사분면에 포함되는 신앙활동은 기도하기와 (오프라인 대면) 예배 참여하기였다.

[그림 3-30] The Locus for Focus모델을 활용한 10명 미만 청소년부 신앙생활 우선순위

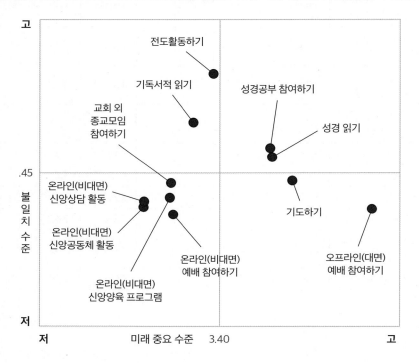

<표 3-69> The Locus for Focus 모델을 활용한 10명 미만 청소년부 신앙생활 우선순위

분면	신앙생활 우선순위
1사분면(고고)	성경 읽기, 성경공부 참여하기
2사분면(저고)	전도활동하기, 기독서적 읽기
3사분면(저저)	교회 외 종교모임 참여하기, (온라인 비대면) 신앙상담활동, (온라인 비대면) 신앙공동체활동, (온라인 비대면) 신앙양육프로그램, (온라인 비대면) 예배 참여하기
4사분면(고저)	기도하기, (오프라인 대면) 예배 참여하기

The Locus for Focus 모델을 활용한 우선순위 영역에 포함된 항목 개수와 항목들을 고려하여 Borich의 요구도 우선순위와 비교한 결과는 <표 3-70>과 같다.

<표 3-70> 10명 미만 청소년부 신앙생활 우선순위 결정

Borich 요구도 순위	신앙생활	우선순위 도출법	
		Borich 요구도	Locus For Focus
1	전도활동하기	◎	
2	기독서적 읽기	◎	
3	성경공부 참여하기	◎	◎
4	성경읽기	◎	◎
5	기도하기	◎	◎
6	교회 외 종교모임 참여하기	◎	
7	(오프라인 대면) 예배 참여하기	◎	◎
8	(온라인 비대면) 신앙양육 프로그램	◎	
9	(온라인 비대면) 신앙 상담활동	◎	
10	(온라인 비대면) 신앙공동체 활동	◎	
11	(온라인 비대면) 예배 참여하기	◎	

Borich 요구도와 The Locus for Focus 모델의 우선순위 도출 방법에 따라 공통적으로 요구가 높은 분야로 나타난 것은 성경 읽기, 성경공부 참여하기, 기도하기, (오프라인 대면) 예배 참여하기의 4개 분야이다. 이는 11개 분야 중 우선적으로 고려해야 할 요구라고 할 수 있다.

② 10~30명 미만 청소년부의 신앙생활 요구도

10~30명 미만 청소년부의 신앙생활에 대한 요구도를 분석하기 위해서 대응표본 t검정을 실시하였다. 현재 선호 수준과 미래 중요 수준에서 모두 (오프라인 대면) 예배 참여하기의 평균이 가장 높았으며, 대응표본 t검정 결과, 11개 분야에서 모두 통계적으로 유의미한 차이를 보였다. 본 연구에서 요구는 현재 선호 수준과 미래 중요 수준 간의 차이로 정의되기 때문에 모든 분야에서 갭 gap으로서의 요구가 존재하였다. 다음으로 Borich의 요구도 값을 산출한 결과 가장 높은 요구도 값은 전도활동하기(2.56)였으며, 그 다음 순으로 성경 읽기 (2.15), 기독서적 읽기(1.66) 등의 순이었다. Borich의 요구도 값과 t값을 비교해 보면 t값의 순위와 요구도 순위가 거의 일치하였다. 이상의 10~30명 미만 청소년부의 신앙생활에 대한 요구도에 대한 우선순위 분석방법을 정리하면 <표 3-71>과 같다.

<표 3-71> 10~30명 미만 청소년부의 신앙생활에 대한 요구도 분석

구분	현재선호도		미래중요도		차이		요구도	순위
	평균	순위	평균	순위	평균	t값		
(오프라인 대면) 예배 참여하기	3.72	1	3.92	1	.20	4.863***	0.78	10
(온라인 비대면) 예배 참여하기	3.13	3	3.36	5	.23	5.018***	0.77	11
(온라인 비대면) 신앙양육 프로그램	2.88	6	3.20	9	.32	7.360***	1.02	8
(온라인 비대면) 신앙공동체 활동	2.88	8	3.23	10	.35	8.112***	1.15	7
(온라인 비대면) 신앙 상담활동	2.87	9	3.17	11	.30	6.838***	0.94	9
기도하기	3.26	2	3.69	2	.43	9.509***	1.60	5
성경읽기	3.04	4	3.64	3	.59	12.202***	2.15	2
성경공부 참여하기	3.00	5	3.48	4	.48	10.409***	1.66	4
기독서적 읽기	2.76	10	3.27	7	.51	10.356***	1.66	3
교회 외 종교모임 참여하기	2.90	7	3.34	8	.44	9.387***	1.48	6
전도활동하기	2.57	11	3.34	6	.77	14.583***	2.56	1

***p<.001

다음으로 10~30명 미만 청소년부 신앙생활을 The Locus for Focus 모델을 활용하여 우선순위를 분석한 결과는 [그림 3-31]과 <표 3-72>와 같다. 청소년들이 인식하고 있는 신앙생활의 미래 중요 수준 평균은 3.42이며, 불일치 수준미래 중요 수준-현재 선호 수준의 평균은 0.42로 나타났다. 제1사분면에 포함되는 신앙생활은 성경 읽기, 성경공부 참여하기, 기도하기였고, 제2사분면에는 전도활동하기, 기독서적 읽기, 교회 외 종교모임 참여하기였으며, 제3사분면에는 (온라인 비대면) 신앙상담활동, (온라인 비대면) 신앙공동체활동, (온라인 비대면) 신앙양육프로그램, (온라인 비대면) 예배 참여하기였고, 제4사분면에 포함되는 신앙활동은 (오프라인 대면) 예배 참여하기였다.

[그림 3-31] The Locus for Focus모델을 활용한
10~30명 미만 청소년부 신앙생활 우선순위

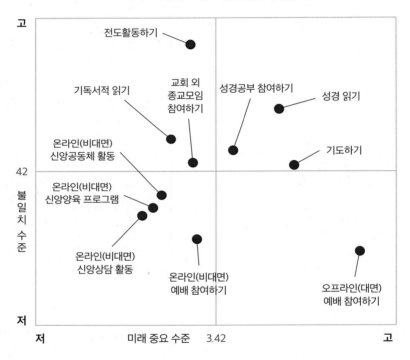

<표 3-72> The Locus for Focus 모델을 활용한
10~30명 미만 청소년부 신앙생활 우선순위

분면	신앙생활 우선순위
1사분면(고고)	성경 읽기, 성경공부 참여하기, 기도하기
2사분면(저고)	전도활동하기, 기독서적 읽기, 교회 외 종교모임 참여하기
3사분면(저저)	(온라인 비대면) 신앙상담활동, (온라인 비대면) 신앙공동체활동, (온라인 비대면) 신앙양육프로그램, (온라인 비대면) 예배 참여하기
4사분면(고저)	(오프라인 대면) 예배 참여하기

The Locus for Focus 모델을 활용한 우선순위 영역에 포함된 항목 개수와 항목들을 고려하여 Borich의 요구도 우선순위와 비교한 결과는 <표 3-73>과 같다.

<표 3-73> 10~30명 미만 청소년부 신앙생활 우선순위 결정

Borich 요구도 순위	신앙생활	우선순위 도출법	
		Borich 요구도	Locus For Focus
1	전도활동하기	◎	
2	성경읽기	◎	◎
3	기독서적 읽기	◎	
4	성경공부 참여하기	◎	◎
5	기도하기	◎	◎
6	교회 외 종교모임 참여하기	◎	
7	(온라인 비대면) 신앙공동체 활동	◎	
8	(온라인 비대면) 신앙양육 프로그램	◎	
9	(온라인 비대면) 신앙 상담활동	◎	
10	(오프라인 대면) 예배 참여하기	◎	◎
11	(온라인 비대면) 예배 참여하기	◎	

Borich 요구도와 The Locus for Focus 모델의 우선순위 도출 방법에 따라 공통적으로 요구가 높은 분야로 나타난 것은 성경 읽기, 성경공부 참여하기, 기도하기, (오프라인 대면) 예배 참여하기의 4개 분야이다. 이는 11개 분야 중 우선적으로 고려해야 할 요구라고 할 수 있다.

③ 30~50명 미만 청소년부의 신앙생활 요구도

30~50명 미만 청소년부의 신앙생활에 대한 요구도를 분석하기 위해서 대응표본 t검정을 실시하였다. 현재 선호 수준과 미래 중요 수준에서 모두 (오프라인 대면) 예배 참여하기의 평균이 가장 높았으며, 대응표본 t검정 결과, (오프라인 대면) 예배 참여하기를 제외하고 10개 분야에서 통계적으로 유의미한 차이를 보였다. 본 연구에서 요구는 현재 선호 수준과 미래 중요 수준 간의 차이로 정의되기 때문에 (오프라인 대면) 예배 참여하기를 제외하고 10개 분야에서 갭gap으로서의 요구가 존재하였다. 그러나 (오프라인 대면) 예배 참여하기가 통계적으로 유의미한 차이를 나타내지 않았다고 해서 요구가 없다고 해석하는 것은 곤란하다. 왜냐하면 현재 선호 수준과 미래 중요 수준에서 가장 높은 평균을 나타내었기 때문이다. 다음으로 Borich의 요구도 값을 산출한 결과 가장 높은 요구도 값은 전도활동하기(1.94)였으며, 그 다음 순으로 기독서적 읽기(1.53), 성경 읽기(1.49) 등의 순이었다. Borich의 요구도 값과 t값을 비교해 보면 t값의 순위와 요구도 순위가 일치하였다. 이상의 30명~50명 미만 청소년부의 신앙생활에 대한 요구도에 대한 우선순위 분석방법을 정리하면 <표 3-74>와 같다.

<표 3-74> 30~50명 미만 청소년부의 신앙생활에 대한 요구도 분석

구분	현재선호도		미래중요도		차이		요구도	순위
	평균	순위	평균	순위	평균	t값		
(오프라인 대면) 예배 참여하기	3.71	1	3.72	1	.01	.312	0.05	11
(온라인 비대면) 예배 참여하기	3.09	3	3.37	5	.28	5.402***	0.93	10
(온라인 비대면) 신앙양육 프로그램	2.84	6	3.18	9	.33	6.577***	1.05	8
(온라인 비대면) 신앙공동체 활동	2.85	8	3.19	10	.34	6.871***	1.07	7
(온라인 비대면) 신앙 상담활동	2.82	9	3.12	11	.30	5.952***	0.95	9
기도하기	3.13	2	3.48	2	.35	7.577***	1.22	5
성경읽기	2.99	4	3.43	3	.44	8.697***	1.49	3
성경공부 참여하기	2.92	5	3.29	4	.37	7.819***	1.23	4
기독서적 읽기	2.69	10	3.17	7	.48	9.626***	1.53	2
교회 외 종교모임 참여하기	2.77	7	3.14	8	.37	7.244***	1.16	6
전도활동하기	2.51	11	3.13	6	.62	11.080***	1.94	1

***$p<.001$

다음으로 3~50명 미만 청소년부 신앙생활을 The Locus for Focus 모델을 활용하여 우선순위를 분석한 결과는 [그림 3-32]와 <표 3-75>와 같다. 청소년 들이 인식하고 있는 신앙생활의 미래 중요 수준 평균은 3.29이며, 불일치 수 준미래 중요 수준-현재 선호 수준의 평균은 0.35로 나타났다. 제1사분면에 포함되는 신앙생활은 성경 읽기, 성경공부 참여하기, 기도하기였고, 제2사분면에는 전 도활동하기, 기독서적 읽기, 교회 외 종교모임 참여하기였으며, 제3사분면에

는 (온라인 비대면) 신앙상담활동, (온라인 비대면) 신앙공동체활동, (온라인 비대면) 신앙양육프로그램이었고, 제4사분면에 포함되는 신앙활동은 (온라인 비대면) 예배 참여하기, (오프라인 대면) 예배 참여하기였다.

[그림 3-32] The Locus for Focus모델을 활용한
30~50명 미만 청소년부 신앙생활 우선순위

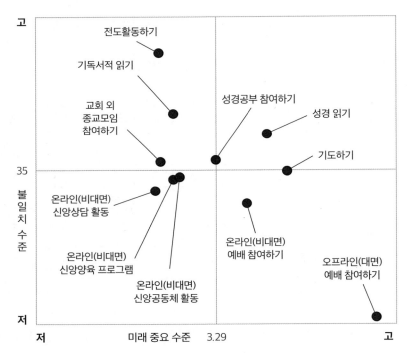

<표 3-75> The Locus for Focus 모델을 활용한
30~50명 미만 청소년부 신앙생활 우선순위

분면	신앙생활 우선순위
1사분면(고고)	성경 읽기, 성경공부 참여하기, 기도하기
2사분면(저고)	전도활동하기, 기독서적 읽기, 교회 외 종교모임 참여하기
3사분면(저저)	(온라인 비대면) 신앙상담활동, (온라인 비대면) 신앙공동체활동, (온라인 비대면) 신앙양육프로그램
4사분면(고저)	(온라인 비대면) 예배 참여하기, (오프라인 대면) 예배 참여하기

The Locus for Focus 모델을 활용한 우선순위 영역에 포함된 항목 개수와 항목들을 고려하여 Borich의 요구도 우선순위와 비교한 결과는 <표 3-76>과 같다.

<표 3-76> 30~50명 미만 청소년부 신앙생활 우선순위 결정

Borich 요구도 순위	신앙생활	우선순위 도출법	
		Borich 요구도	Locus For Focus
1	전도활동하기	◎	
2	기독서적 읽기	◎	
3	성경읽기	◎	◎
4	성경공부 참여하기	◎	◎
5	기도하기	◎	◎
6	교회 외 종교모임 참여하기	◎	
7	(온라인 비대면) 신앙공동체 활동	◎	
8	(온라인 비대면) 신앙양육 프로그램	◎	
9	(온라인 비대면) 신앙 상담활동	◎	
10	(온라인 비대면) 예배 참여하기	◎	◎
11	(오프라인 대면) 예배 참여하기	◎	◎

Borich 요구도와 The Locus for Focus 모델의 우선순위 도출 방법에 따라 공통적으로 요구가 높은 분야로 나타난 것은 성경 읽기, 성경공부 참여하기, 기도하기, (온라인 비대면) 예배 참여하기, (오프라인 대면) 예배 참여하기의 5개 분야이다. 이는 11개 분야 중 우선적으로 고려해야 할 요구라고 할 수 있다.

④ 50~100명 미만 청소년부의 신앙생활 요구도

50~100명 미만 청소년부의 신앙생활에 대한 요구도를 분석하기 위해서 대응표본 t검정을 실시하였다. 현재 선호 수준과 미래 중요 수준에서 모두 (오프라인 대면) 예배 참여하기의 평균이 가장 높았으며, 대응표본 t검정 결과, 11개 분야 모두에서 통계적으로 유의미한 차이를 보였다. 본 연구에서 요구는 현재 선호 수준과 미래 중요 수준 간의 차이로 정의되기 때문에 11개 분야 모두에서 갭gap으로서의 요구가 존재하였다. 다음으로 Borich의 요구도 값을 산출한 결과 가장 높은 요구도 값은 전도활동하기(2.24)였으며, 그 다음 순으로 성경 읽기(1.91), 기독서적 읽기(1.61) 등의 순이었다. Borich의 요구도 값과 t값을 비교해 보면 t값의 순위와 요구도 순위가 일치하였다. 이상의 50~100명 미만 청소년부의 신앙생활에 대한 요구도에 대한 우선순위 분석방법을 정리하면 <표 3-77>과 같다.

<표 3-77> 50~100명 미만 청소년부의 신앙생활에 대한 요구도 분석

구분	현재선호도		미래중요도		차이		요구도	순위
	평균	순위	평균	순위	평균	t값		
(오프라인 대면) 예배 참여하기	3.76	1	3.94	1	.17	3.227**	0.69	11
(온라인 비대면) 예배 참여하기	3.09	3	3.42	5	.32	5.221***	1.10	9
(온라인 비대면) 신앙양육 프로그램	2.85	6	3.22	9	.37	6.550***	1.19	8
(온라인 비대면) 신앙공동체 활동	2.84	8	3.22	10	.38	6.377***	1.22	7
(온라인 비대면) 신앙 상담활동	2.77	9	3.23	11	.46	7.661***	1.47	5
기도하기	3.28	2	3.65	2	.37	6.628***	1.35	6
성경읽기	3.08	4	3.61	3	.53	9.214***	1.91	2
성경공부 참여하기	2.94	5	3.38	4	.44	6.898***	1.48	4
기독서적 읽기	2.74	10	3.24	7	.50	8.963***	1.61	3
교회 외 종교모임 참여하기	2.92	7	3.22	8	.30	5.124***	0.97	10
전도활동하기	2.57	11	3.26	6	.69	10.231***	2.24	1

**$p<.01$, ***$p<.001$

다음으로 50~100명 미만 청소년부 신앙생활을 The Locus for Focus 모델을 활용하여 우선순위를 분석한 결과는 [그림 3-33]과 <표 3-78>과 같다. 청소년들이 인식하고 있는 신앙생활의 미래 중요 수준 평균은 3.40이며, 불일치 수준미래 중요 수준-현재 선호 수준의 평균은 0.41로 나타났다. 제1사분면에 포함되는 신앙생활은 성경 읽기였고, 제2사분면에는 성경공부 참여하기, 전도활동하기, 기독서적 읽기, (온라인 비대면) 신앙상담활동이었으며, 제3사분면에는

(온라인 비대면) 신앙공동체활동, (온라인 비대면) 신앙양육프로그램, 교회 외 종교모임 참여하기였고, 제4사분면에 포함되는 신앙활동은 기도하기, (온라인 비대면) 예배 참여하기, (오프라인 대면) 예배 참여하기였다.

[그림 3-33] The Locus for Focus모델을 활용한
50~100명 미만 청소년부 신앙생활 우선순위

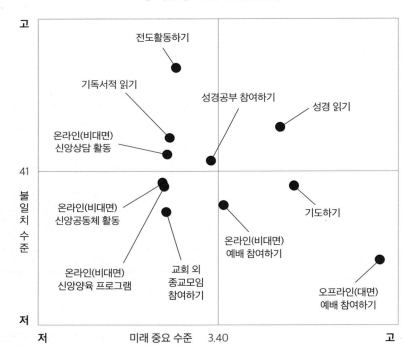

<표 3-78> The Locus for Focus 모델을 활용한
50~100명 미만 청소년부 신앙생활 우선순위

분면	신앙생활 우선순위
1사분면(고고)	성경 읽기
2사분면(저고)	성경공부 참여하기, 전도활동하기, 기독서적 읽기, (온라인 비대면) 신앙상담활동
3사분면(저저)	(온라인 비대면) 신앙공동체활동, (온라인 비대면) 신앙양육프로그램, 교회 외 종교모임 참여하기
4사분면(고저)	기도하기, (온라인 비대면) 예배 참여하기, (오프라인 대면) 예배 참여하기

The Locus for Focus 모델을 활용한 우선순위 영역에 포함된 항목 개수와 항목들을 고려하여 Borich의 요구도 우선순위와 비교한 결과는 <표 3-79>와 같다.

<표 3-79> 50~100명 미만 청소년부 신앙생활 우선순위 결정

Borich 요구도 순위	신앙생활	우선순위 도출법	
		Borich 요구도	Locus For Focus
1	전도활동하기	◎	
2	성경읽기	◎	◎
3	기독서적 읽기	◎	
4	성경공부 참여하기	◎	
5	(온라인 비대면) 신앙 상담활동	◎	
6	기도하기	◎	
7	(온라인 비대면) 신앙공동체 활동	◎	◎
8	(온라인 비대면) 신앙양육 프로그램	◎	
9	(온라인 비대면) 예배 참여하기	◎	◎
10	교회 외 종교모임 참여하기	◎	
11	(오프라인 대면) 예배 참여하기	◎	◎

Borich 요구도와 The Locus for Focus 모델의 우선순위 도출 방법에 따라 공통적으로 요구가 높은 분야로 나타난 것은 성경 읽기, 기도하기, (온라인 비대면) 예배 참여하기, (오프라인 대면) 예배 참여하기의 4개 분야이다. 이는 11개 분야 중 우선적으로 고려해야 할 요구라고 할 수 있다.

⑤ 100명 이상 청소년부의 신앙생활 요구도

100명 이상 청소년부의 신앙생활에 대한 요구도를 분석하기 위해서 대응표본 t검정을 실시하였다. 현재 선호 수준과 미래 중요 수준에서 모두 (오프라인 대면) 예배 참여하기의 평균이 가장 높았으며, 대응표본 t검정 결과, 11개 모든 분야에서 통계적으로 유의미한 차이를 보였다. 본 연구에서 요구는 현재 선호 수준과 미래 중요 수준 간의 차이로 정의되기 때문에 11개 모든 분야에서 갭gap으로서의 요구가 존재하였다. 다음으로 Borich의 요구도 값을 산출한 결과 가장 높은 요구도 값은 전도활동하기(2.46)였으며, 그 다음 순으로 기독서적 읽기(1.78), 성경 읽기(1.72) 등의 순이었다. Borich의 요구도 값과 t값을 비교해 보면 t값의 순위와 요구도 순위가 일치하였다. 이상의 100명 이상 청소년부의 신앙생활에 대한 요구도에 대한 우선순위 분석방법을 정리하면 <표 3-80>과 같다.

<표 3-80> 100명 이상 청소년부의 신앙생활에 대한 요구도 분석

구분	현재선호도		미래중요도		차이		요구도	순위
	평균	순위	평균	순위	평균	t값		
(오프라인 대면) 예배 참여하기	3.84	1	3.96	1	.13	2.022*	0.50	11
(온라인 비대면) 예배 참여하기	3.01	3	3.30	5	.29	3.756***	0.95	10
(온라인 비대면) 신앙양육 프로그램	2.86	6	3.25	9	.39	5.754***	1.28	7
(온라인 비대면) 신앙공동체 활동	2.84	8	3.18	10	.34	5.299***	1.10	9
(온라인 비대면) 신앙 상담활동	2.75	9	3.19	11	.44	6.057***	1.40	6
기도하기	3.27	2	3.67	2	.39	5.917***	1.44	5
성경읽기	3.07	4	3.55	3	.48	7.038***	1.72	3
성경공부 참여하기	2.97	5	3.46	4	.49	7.540***	1.70	4
기독서적 읽기	2.78	10	3.32	7	.54	8.208***	1.78	2
교회 외 종교모임 참여하기	2.86	7	3.23	8	.37	5.592***	1.20	8
전도활동하기	2.60	11	3.33	6	.74	9.378***	2.46	1

*$p<.05$, ***$p<.001$

다음으로 100명 이상 청소년부 신앙생활을 The Locus for Focus 모델을 활용하여 우선순위를 분석한 결과는 [그림 3-34]와 <표 3-81>과 같다. 청소년들이 인식하고 있는 신앙생활의 미래 중요 수준 평균은 3.40이며, 불일치 수준미래 중요 수준-현재 선호 수준의 평균은 0.42로 나타났다. 제1사분면에 포함되는 신앙생활은 성경 읽기, 성경공부 참여하기였고, 제2사분면에는 전도활동하기, 기독서적 읽기, (온라인 비대면) 신앙상담활동이었으며, 제3사분면에는 (온라

인 비대면) 신앙공동체활동, (온라인 비대면) 신앙양육프로그램, 교회 외 종교
모임 참여하기, (온라인 비대면) 예배 참여하기였고, 제4사분면에 포함되는 신
앙활동은 기도하기, (오프라인 대면) 예배 참여하기였다.

[그림 3-34] The Locus for Focus모델을 활용한
100명 이상 청소년부 신앙생활 우선순위

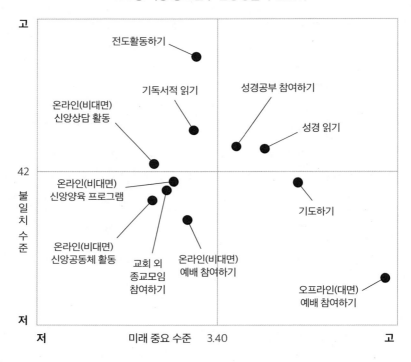

<표 3-81> The Locus for Focus 모델을 활용한
100명 이상 청소년부 신앙생활 우선순위

분면	신앙생활 우선순위
1사분면(고고)	성경 읽기, 성경공부 참여하기
2사분면(저고)	전도활동하기, 기독서적 읽기, (온라인 비대면) 신앙상담활동
3사분면(저저)	(온라인 비대면) 신앙공동체활동, (온라인 비대면) 신앙양육프로그램, 교회 외 종교모임 참여하기, (온라인 비대면) 예배 참여하기
4사분면(고저)	기도하기, (오프라인 대면) 예배 참여하기

The Locus for Focus 모델을 활용한 우선순위 영역에 포함된 항목 개수와 항목들을 고려하여 Borich의 요구도 우선순위와 비교한 결과는 <표 3-82>와 같다.

<표 3-82> 100명 이상 청소년부 신앙생활 우선순위 결정

Borich 요구도 순위	신앙생활	우선순위 도출법	
		Borich 요구도	Locus For Focus
1	전도활동하기	◎	
2	기독서적 읽기	◎	
3	성경읽기	◎	◎
4	성경공부 참여하기	◎	◎
5	기도하기	◎	◎
6	(온라인 비대면)신앙 상담활동	◎	
7	(온라인 비대면)신앙양육 프로그램	◎	
8	교회 외 종교모임 참여하기	◎	
9	(온라인 비대면)신앙공동체 활동	◎	
10	(온라인 비대면)예배 참여하기	◎	
11	(오프라인 대면)예배 참여하기	◎	◎

Borich 요구도와 The Locus for Focus 모델의 우선순위 도출 방법에 따라 공통적으로 요구가 높은 분야로 나타난 것은 성경 읽기, 성경공부 참여하기, 기도하기, (오프라인 대면) 예배 참여하기의 4개 분야이다. 이는 11개 분야 중 우선적으로 고려해야 할 요구라고 할 수 있다.

5) Teen SFC 활동 여부에 따른 청소년의 신앙생활 요구도

① Teen SFC 활동 청소년의 신앙생활 요구도

Teen SFC 활동 청소년의 신앙생활에 대한 요구도를 분석하기 위해서 대응표본 t검정을 실시하였다. 현재 선호 수준과 미래 중요 수준에서 모두 (오프라인 대면) 예배 참여하기의 평균이 가장 높았으며, 대응표본 t검정 결과, 11개 모든 분야에서 통계적으로 유의미한 차이를 보였다. 본 연구에서 요구는 현재 선호 수준과 미래 중요 수준 간의 차이로 정의되기 때문에 11개 모든 분야에서 갭gap으로서의 요구가 존재하였다. 다음으로 Borich의 요구도 값을 산출한 결과 가장 높은 요구도 값은 전도활동하기(2.40)였으며, 그 다음 순으로 성경 읽기(1.92), 기독서적 읽기(1.62) 등의 순이었다. Borich의 요구도 값과 t값을 비교해 보면 t값의 순위와 요구도 순위가 일치하였다. 이상의 Teen SFC 활동 청소년의 신앙생활에 대한 요구도에 대한 우선순위 분석방법을 정리하면 <표 3-83>과 같다.

<표 3-83> Teen SFC 활동 청소년의 신앙생활에 대한 요구도 분석

구분	현재선호도		미래중요도		차이		요구도	순위
	평균	순위	평균	순위	평균	t값		
(오프라인 대면) 예배 참여하기	3.76	1	3.87	1	.11	2.244*	0.41	11
(온라인 비대면) 예배 참여하기	3.15	3	3.50	5	.36	6.464***	1.25	6
(온라인 비대면) 신앙양육 프로그램	3.00	6	3.33	9	.33	6.414***	1.11	9
(온라인 비대면) 신앙공동체 활동	3.01	8	3.36	10	.34	6.852***	1.15	8
(온라인 비대면) 신앙 상담활동	2.97	9	3.30	11	.33	6.413***	1.09	10
기도하기	3.31	2	3.70	2	.39	7.871***	1.45	4
성경읽기	3.11	4	3.63	3	.53	10.354***	1.92	2
성경공부 참여하기	3.15	5	3.49	4	.34	7.081***	1.18	7
기독서적 읽기	2.88	10	3.36	7	.48	9.406***	1.62	3
교회 외 종교모임 참여하기	3.01	7	3.43	8	.42	8.084***	1.44	5
전도활동하기	2.69	11	3.40	6	.71	11.744***	2.40	1

*$p<.05$, ***$p<.001$

다음으로 Teen SFC 활동 청소년의 신앙생활을 The Locus for Focus 모델을 활용하여 우선순위를 분석한 결과는 [그림 3-35]와 <표 3-84>와 같다. 청소년들이 인식하고 있는 신앙생활의 미래 중요 수준 평균은 3.49이며, 불일치 수준미래 중요 수준-현재 선호 수준의 평균은 0.39로 나타났다. 제1사분면에 포함되는 신앙생활은 성경 읽기, 기도하기였고, 제2사분면에는 전도활동하기, 기독서적 읽기, 교회 외 종교모임 참여하기였으며, 제3사분면에는 (온라인 비대면)

신앙상담활동, (온라인 비대면) 신앙공동체활동, (온라인 비대면) 신앙양육프로그램이었고, 제4사분면에 포함되는 신앙활동은 (온라인 비대면) 예배 참여하기, 성경공부 참여하기, (오프라인 대면) 예배 참여하기였다.

[그림 3-35] The Locus for Focus모델을 활용한
Teen SFC 활동 청소년의 신앙생활 우선순위

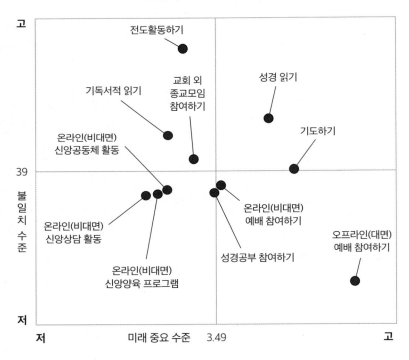

<표 3-84> The Locus for Focus 모델을 활용한
Teen SFC 활동 청소년의 신앙생활 우선순위

분면	신앙생활 우선순위
1사분면(고고)	성경 읽기, 기도하기
2사분면(저고)	전도활동하기, 기독서적 읽기, 교회 외 종교모임 참여하기
3사분면(저저)	(온라인 비대면) 신앙상담활동, (온라인 비대면) 신앙공동체활동, (온라인 비대면) 신앙양육프로그램
4사분면(고저)	(온라인 비대면) 예배 참여하기, 성경공부 참여하기, (오프라인 대면) 예배 참여하기

The Locus for Focus 모델을 활용한 우선순위 영역에 포함된 항목 개수와 항목들을 고려하여 Borich의 요구도 우선순위와 비교한 결과는 <표 3-85>와 같다.

<표 3-85> Teen SFC 활동 청소년의 신앙생활 우선순위 결정

Borich 요구도 순위	신앙생활	우선순위 도출법	
		Borich 요구도	Locus For Focus
1	전도활동하기	◎	
2	성경읽기	◎	◎
3	기독서적 읽기	◎	
4	기도하기	◎	◎
5	교회 외 종교모임 참여하기	◎	
6	(온라인 비대면) 예배 참여하기	◎	◎
7	성경공부 참여하기	◎	◎
8	(온라인 비대면) 신앙공동체 활동	◎	
9	(온라인 비대면) 신앙양육 프로그램	◎	
10	(온라인 비대면) 신앙 상담활동	◎	
11	(오프라인 대면) 예배 참여하기	◎	◎

Borich 요구도와 The Locus for Focus 모델의 우선순위 도출 방법에 따라 공통적으로 요구가 높은 분야로 나타난 것은 성경 읽기, 기도하기, (온라인 비대면) 예배 참여하기, 성경공부 참여하기, (오프라인 대면) 예배 참여하기의 5개 분야이다. 이는 11개 분야 중 우선적으로 고려해야 할 요구라고 할 수 있다.

② Teen SFC 비활동 청소년의 신앙생활 요구도

Teen SFC 비활동 청소년의 신앙생활에 대한 요구도를 분석하기 위해서 대응표본 t검정을 실시하였다. 현재 선호 수준과 미래 중요 수준에서 모두 (오프라인 대면) 예배 참여하기의 평균이 가장 높았으며, 대응표본 t검정 결과, 11개 분야에서 모두 통계적으로 유의미한 차이를 보였다. 본 연구에서 요구는 현재 선호 수준과 미래 중요 수준 간의 차이로 정의되기 때문에 모든 분야에서 갭 gap으로서의 요구가 존재하였다. 다음으로 Borich의 요구도 값을 산출한 결과 가장 높은 요구도 값은 전도활동하기(2.30)였으며, 그 다음 순으로 성경 읽기 (1.81), 기독서적 읽기(1.68) 등의 순이었다. Borich의 요구도 값과 t값을 비교해 보면 t값의 순위와 요구도 순위가 거의 일치하였다. 이상의 Teen SFC 비활동 청소년의 신앙생활에 대한 요구도에 대한 우선순위 분석방법을 정리하면 <표 3-86>과 같다.

<표 3-86> Teen SFC 비활동 청소년의 신앙생활에 대한 요구도 분석

구분	현재선호도		미래중요도		차이		요구도	순위
	평균	순위	평균	순위	평균	t값		
(오프라인 대면) 예배 참여하기	3.70	1	3.87	1	.17	6.340***	0.65	11
(온라인 비대면) 예배 참여하기	3.05	3	3.31	5	.25	8.459***	0.84	10
(온라인 비대면) 신앙양육 프로그램	2.82	6	3.18	9	.35	12.375***	1.12	8
(온라인 비대면) 신앙공동체 활동	2.81	8	3.16	10	.36	12.416***	1.12	9
(온라인 비대면) 신앙 상담활동	2.77	9	3.14	11	.36	12.489***	1.14	7
기도하기	3.20	2	3.60	2	.39	13.950***	1.42	5
성경읽기	3.02	4	3.53	3	.51	17.143***	1.81	2
성경공부 참여하기	2.91	5	3.40	4	.48	16.609***	1.64	4
기독서적 읽기	2.70	10	3.22	7	.52	17.774***	1.68	3
교회 외 종교모임 참여하기	2.81	7	3.19	8	.37	12.604***	1.19	6
전도활동하기	2.53	11	3.24	6	.71	21.572***	2.30	1

***$p<.001$

다음으로 Teen SFC 비활동 청소년 신앙생활을 The Locus for Focus 모델을 활용하여 우선순위를 분석한 결과는 [그림 3-36]과 <표 3-87>과 같다. 청소년들이 인식하고 있는 신앙생활의 미래 중요 수준 평균은 3.35이며, 불일치 수준미래 중요 수준-현재 선호 수준의 평균은 0.41로 나타났다. 제1사분면에 포함되는 신앙생활은 성경 읽기와 성경공부 참여하기였고, 제2사분면에는 전도활동하기, 기독서적 읽기였으며, 제3사분면에는 교회 외 종교모임 참여하기, (온라인 비대면) 신앙상담활동, (온라인 비대면) 신앙공동체활동, (온라인 비대면) 신앙양육프로그램, (온라인 비대면) 예배 참여하기였고, 제4사분면에 포함되는 신앙활동은 기도하기와 (오프라인 대면) 예배 참여하기였다.

[그림 3-36] The Locus for Focus모델을 활용한
Teen SFC 비활동 청소년 신앙생활 우선순위

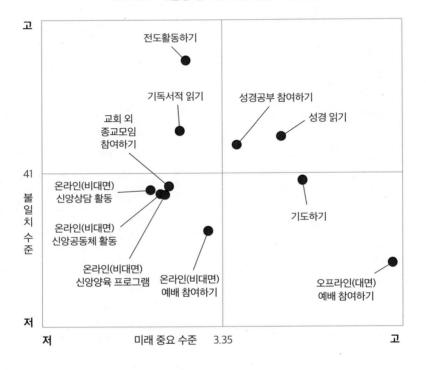

<표 3-87> The Locus for Focus 모델을 활용한
Teen SFC 비활동 청소년 신앙생활 우선순위

분면	신앙생활 우선순위
1사분면(고고)	성경 읽기, 성경공부 참여하기
2사분면(저고)	전도활동하기, 기독서적 읽기
3사분면(저저)	교회 외 종교모임 참여하기, (온라인 비대면) 신앙상담활동, (온라인 비대면) 신앙공동체활동, (온라인 비대면) 신앙양육프로그램, (온라인 비대면) 예배 참여하기
4사분면(고저)	기도하기, (오프라인 대면) 예배 참여하기

The Locus for Focus 모델을 활용한 우선순위 영역에 포함된 항목 개수와 항목들을 고려하여 Borich의 요구도 우선순위와 비교한 결과는 <표 3-88>과 같다.

<표 3-88> Teen SFC 비활동 청소년 신앙생활 우선순위 결정

Borich 요구도 순위	신앙생활	우선순위 도출법	
		Borich 요구도	Locus For Focus
1	전도활동하기	◎	
2	성경읽기	◎	◎
3	기독서적 읽기	◎	
4	성경공부 참여하기	◎	◎
5	기도하기	◎	◎
6	교회 외 종교모임 참여하기	◎	
7	(온라인 비대면) 신앙 상담활동	◎	
8	(온라인 비대면) 신앙양육 프로그램	◎	
9	(온라인 비대면) 신앙공동체 활동	◎	
10	(온라인 비대면) 예배 참여하기	◎	
11	(오프라인 대면) 예배 참여하기	◎	◎

Borich 요구도와 The Locus for Focus 모델의 우선순위 도출 방법에 따라 공통적으로 요구가 높은 분야로 나타난 것은 성경 읽기, 성경공부 참여하기, 기도하기, (오프라인 대면) 예배 참여하기의 4개 분야이다. 이는 11개 분야 중 우선적으로 고려해야 할 요구라고 할 수 있다.

(7) 신앙교육에 가장 큰 영향을 미치는 사람

청소년들이 인식하는 신앙교육에 가장 큰 영향을 미치는 사람으로 1순위로는 '학부모'가 38.7%로 가장 많았으며, 다음으로 '학생 자신'(17.6%), '담임목사'(14.8%), '담당 교역자'(14.1%), '친구'(7.4%) 등의 순으로 나타났다. 1순위+2순위로는 '학부모'가 57.4%로 가장 많았으며, 다음으로 '담당 교역자'(34.2%), '학생 자신'(31.9%), '담임목사'(31.2%), '친구'(20.7%) 등의 순으로 나타났다.

개인적 배경별로 살펴보면, 1순위를 기준으로 성별과 학교 소재지별, Teen SFC 활동 여부별로는 차이를 보이지 않고 있으나, 학교급별로는 중학교에서

[그림 3-37] 신앙교육에 가장 큰 영향을 미치는 사람

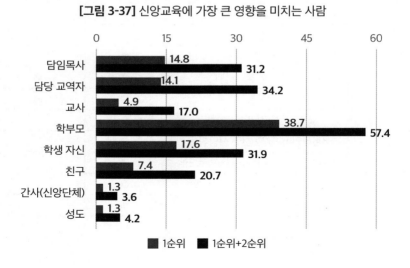

'학부모' 다음으로 '담임목사'의 비율이 높았고, 청소년부 인원별로는 10명 미만에서 '학부모' 다음으로 '담임목사'의 비율이 높았다. 청소년들이 인식하는 신앙교육에 가장 큰 영향을 미치는 사람은 [그림 3-37]과 같으며, 개인적 배경별로는 <표 3-89>와 같다.

<표 3-89> 개인적 배경별 신앙교육에 가장 큰 영향을 미치는 사람

(단위: %, 1순위(1순위+2순위))

구분		담임목사	담당 교역자	교사	학부모	학생 자신	친구	간사 (신앙단체)	교회 성도
전체		14.8(31.2)	14.1(34.2)	4.9(17.0)	38.7(57.4)	17.6(31.9)	7.4(20.7)	1.3(3.6)	1.3(4.2)
성별	남자	18.1(37.1)	13.9(34.7)	4.7(15.9)	37.3(56.4)	16.2(28.9)	7.4(20.0)	0.8(2.8)	1.5(4.2)
	여자	11.6(25.6)	14.3(33.7)	5.1(18.1)	40(58.4)	18.9(34.7)	7.3(21.3)	1.7(4.3)	1.1(4.1)
학교 소재지	서울경기 인천	12.8(29.8)	12.3(33.0)	5.2(18.5)	40.9(58.9)	19(33.5)	8.1(21.4)	0.5(0.7)	1.2(4.2)
	부산울산 경남	15.9(31.8)	14.9(34.1)	5.5(18.7)	35.8(55.8)	17.4(30.5)	7.7(20.9)	1.5(4.3)	1.3(3.8)
	대구경북	12(29.8)	16(37.8)	2.7(10.7)	45.8(61.3)	16.4(35.1)	4.9(18.2)	0.9(2.2)	1.3(4.9)
	강원충청 전라제주	16.8(32.3)	11.4(32.3)	3.6(12.0)	40.1(57.5)	17.4(31.7)	6.6(20.4)	2.4(8.4)	1.8(5.4)
학교급	중학교	17.1(33.8)	12.6(30.6)	6.2(21.2)	40(59.3)	15.8(28.0)	6.5(19.6)	0.9(3.4)	0.8(4.1)
	고등학교	12.5(28.4)	15.9(37.8)	3.7(12.8)	37.1(55.3)	19.3(35.6)	8.3(21.9)	1.7(4.1)	1.5(4.2)
	기타 (홈스쿨링, 대안학교)	13.6(32.2)	10.2(33.9)	3.4(16.9)	42.4(59.3)	20.3(35.6)	5.1(16.9)	0(0.0)	5.1(5.1)
청소년부 인원	10명 미만	21.8(41.5)	12.2(30.3)	1.6(11.2)	37.8(57.4)	13.8(29.8)	8.5(18.1)	2.7(4.8)	1.6(6.9)
	10~30명 미만	15(34.0)	14.5(34.5)	4.5(14.3)	37.8(54.7)	17.4(32.1)	7.2(21.0)	1.1(4.3)	2.4(5.2)
	30~50명 미만	11.3(26.6)	16(35.4)	4.6(18.5)	38.7(58.8)	19(32.2)	8.3(21.3)	1.4(3.7)	0.7(3.5)
	50~100명 미만	11.6(25.1)	13.8(35.5)	6.7(20.8)	37.9(58.4)	21.4(35.2)	6.4(18.7)	1.2(3.1)	0.9(3.4)
	100명 이상	18.7(33.0)	12(32.6)	6.4(19.5)	41.9(59.2)	13.9(28.5)	6.4(23.2)	0.4(1.9)	0.4(2.2)
Teen-SFC 활동	활동함	15.2(29.9)	12.9(35.6)	6.2(18.2)	31.6(52.0)	22.1(32.6)	8(20.1)	2(5.2)	2(6.5)
	활동하지 않음	14.7(31.5)	14.4(33.8)	4.5(16.7)	40.8(59.0)	16.3(31.7)	7.2(20.8)	1(3.1)	1.1(3.5)

(8) 교회학교가 성장하지 않는 가장 큰 요인

청소년들이 인식하는 교회학교가 성장하지 않는 가장 큰 요인으로 1순위로는 '학생의 개인적 요인'이 31.3%로 가장 많았으며, 다음으로 '기독교에 대한 부정적 인식'(19.3%), '교회학교 프로그램의 흥미 없음'(14.8%), '전도하지 않음'(9.8%), '교회의 교회학교에 대한 관심부족'(7.3%) 등의 순으로 나타났다. 1순위+2순위도 같은 순으로 나타났다.

개인적 배경별로 살펴보면, 1순위를 기준으로 성별, 학교 소재지별, 학교급별, 청소년부 인원별, Teen SFC 활동 여부별로는 큰 차이를 보이지 않았다. 청소년들이 인식하는 교회학교가 성장하지 않는 가장 큰 요인은 [그림 3-38]과 같으며, 개인적 배경별로는 <표 3-90>와 같다.

[그림 3-38] 교회학교가 성장하지 않는 가장 큰 요인

요인	1순위	1순위+2순위
학생의 개인적 요인	31.3	53.1
교회학교 프로그램의 흥미 없음	14.8	31.1
기독교에 대한 부정적 인식	19.3	33.6
출산율의 저하	4.6	11.2
전도하지 않음	9.8	23.5
교회의 교회학교(중고등부)에 대한 관심 부족	7.3	17.6

■ 1순위 ■ 1순위+2순위

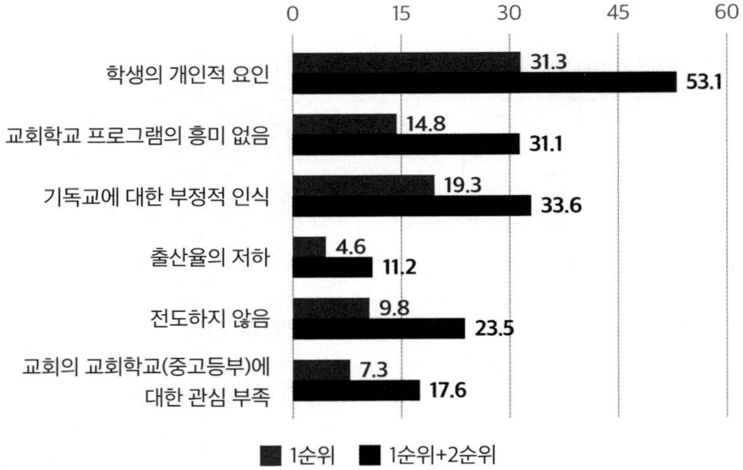

※ 6순위까지만 제시함

<표 3-90> 개인적 배경별 교회학교가 성장하지 않는 가장 큰 요인

(단위: %, 1순위(1순위+2순위))

구분		학생의 개인적 요인	교회학교 프로그램의 흥미 없음	기독교에 대한 부정적 인식	출산율의 저하	전도하지 않음	교회의 교회학교에 대한 관심부족
전체		31.3(53.1)	14.8(31.1)	19.3(33.6)	4.6(11.2)	9.8(23.5)	7.3(17.6)
성별	남자	29.1(49.1)	11.4(26.8)	19.5(35.1)	6(13.6)	10.2(22.2)	6.5(15.3)
	여자	33.3(56.9)	17.9(35.2)	19(32.2)	3.2(9.0)	9.4(24.7)	8.1(19.7)
학교 소재지	서울경기 인천	35(55.9)	13.5(33.5)	18.5(33.3)	4.9(11.8)	8.6(21.2)	8.9(18.7)
	부산울산 경남	29.5(51.3)	14.1(28.7)	20.6(35.6)	4.5(11.7)	10.7(25.4)	6.9(17.3)
	대구경북	28(50.7)	18.7(33.8)	19.1(30.7)	3.1(10.2)	9.8(20.9)	6.7(19.1)
	강원충청 전라제주	36.5(59.9)	16.2(35.9)	13.8(26.9)	6(8.4)	7.8(21.6)	6.6(14.4)
학교급	중학교	29.5(50.6)	15.9(31.6)	17.9(30.4)	4.6(11.8)	11.6(25.6)	7(18.0)
	고등학교	33.8(56.0)	13.3(30.5)	20.7(37.2)	4.6(10.6)	8.1(21.9)	7(16.6)
	기타 (홈스쿨링, 대안학교)	20.3(47.5)	18.6(33.9)	18.6(28.8)	3.4(11.9)	8.5(15.3)	15.3(25.4)
청소년부 인원	10명 미만	24.5(46.8)	15.4(30.3)	17(28.2)	6.9(14.4)	12.8(27.7)	11.2(23.9)
	10~30명 미만	31.5(52.9)	16.1(34.3)	16.5(31.5)	4.1(9.6)	10(21.0)	7.8(19.5)
	30~50명 미만	34(56.3)	13.2(26.9)	19.4(34.3)	4.2(11.3)	9.5(23.1)	6.3(16.0)
	50~100명 미만	34.3(55.0)	14.4(33.3)	18(33.0)	5.8(13.8)	8.9(22.9)	6.7(17.4)
	100명 이상	27.3(50.6)	14.6(29.6)	27.7(41.2)	3(9.0)	9(27.0)	6(12.0)
Teen-SFC 활동	활동함	30.6(53.0)	13.4(31.3)	17.4(29.9)	6(13.9)	10.7(23.9)	9(16.9)
	활동하지 않음	31.5(53.1)	15.2(31.1)	19.8(34.7)	4.1(10.4)	9.5(23.4)	6.8(17.8)

※ 6순위까지만 제시함

(9) 학생신앙운동SFC이 성장하지 않는 가장 큰 요인

청소년들이 인식하는 학생신앙운동SFC이 성장하지 않는 가장 큰 요인으로 1순위로는 '학생의 개인적 요인'이 31.9%로 가장 많았으며, 다음으로 '기독교에 대한 부정적 인식'(16.4%), '선교단체 프로그램의 흥미 없음'(15.6%), '전도하지 않음'(11.1%), '교회의 관심부족'(10.4%) 등의 순으로 나타났다. 1순위+2순위로는 '학생의 개인적 요인'이 55.2%로 가장 많았으며, 다음으로 '선교단체 프로그램의 흥미 없음'(33.0%), '기독교에 대한 부정적 인식'(29.4%), '전도하지 않음'(26.5%), '교회의 관심부족'(24.1%) 등의 순으로 나타났다.

개인적 배경별로 살펴보면, 1순위를 기준으로 성별로는 여자가, 학교 소재지별로는 서울·경기·인천, 대구·경북, 강원·충청·전라·제주 지역이, 학교급별로는 기타홈스쿨링, 대안학교가, 청소년부 인원별로는 10명 미만과 50~100명 미만이 '학생의 개인적 요인' 다음으로 '선교단체 프로그램의 흥미 없음'의 비율이 높았다. 청소년들이 인식하는 학생신앙운동SFC이 성장하지 않는 가장 큰 요인은 [그림 3-39]와 같으며, 개인적 배경별로는 <표 3-91>과 같다.

[그림 3-39] 학생신앙운동(SFC)이 성장하지 않는 가장 큰 요인

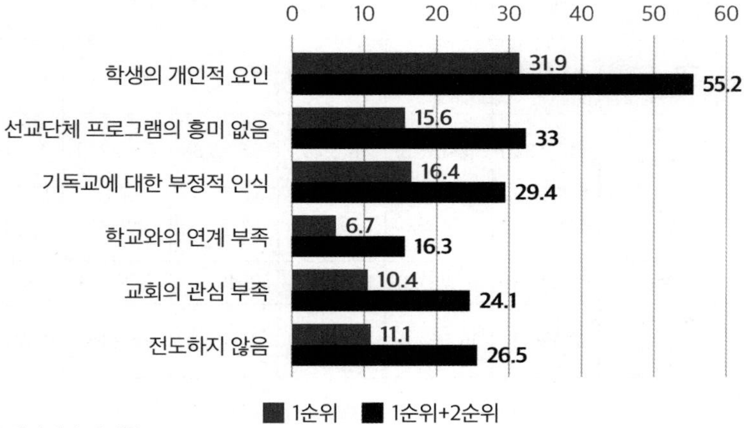

※ 6순위까지만 제시함

<표 3-91> 개인적 배경별 학생신앙운동(SFC)이 성장하지 않는 가장 큰 요인

(단위: %, 1순위(1순위+2순위))

구분		학생의 개인적 요인	선교단체 프로그램의 흥미 없음	기독교에 대한 부정적 인식	학교와의 연계 부족	교회의 관심부족	전도하지 않음
전체		31.9(55.2)	15.6(33.0)	16.4(29.4)	6.7(16.3)	10.4(24.1)	11.1(26.5)
성별	남자	28.8(48.4)	14.7(31.2)	18.6(32.1)	5.9(15.7)	11.5(26.0)	10.4(25.1)
	여자	34.8(61.5)	16.5(34.8)	14.4(26.9)	7.4(16.9)	9.4(22.2)	11.8(27.7)
학교 소재지	서울경기 인천	37.2(60.4)	18.2(35.2)	16.5(30.8)	4.7(14.3)	8.6(20.2)	8.6(24.1)
	부산울산 경남	29(52.2)	13.3(30.2)	17.3(30.6)	8.3(17.6)	10.9(24.4)	12.7(28.8)
	대구경북	31.6(56.5)	20.4(39.5)	17.8(27.6)	3.6(12.5)	11.6(29.8)	8(21.8)
	강원충청 전라제주	35.9(57.5)	16.2(35.4)	9.6(22.2)	6.6(19.2)	10.8(24.0)	12.6(25.2)
학교급	중학교	31(55.3)	15.6(33.6)	17.2(28.0)	4.4(12.6)	9.8(24.4)	14.4(31.0)
	고등학교	33.1(55.7)	15.6(32.3)	16.2(31.3)	8.7(19.4)	10.4(23.0)	8.1(22.3)
	기타 (홈스쿨링, 대안학교)	27.1(44.0)	16.9(35.5)	8.5(23.8)	10.2(25.5)	20.3(33.9)	6.8(20.4)
청소년부 인원	10명 미만	31.9(52.1)	16(33.6)	13.3(25.0)	5.9(13.3)	11.2(30.9)	14.4(30.4)
	10~30명 미만	33.4(57.1)	15.8(34.9)	18(33.0)	5.6(13.4)	11.9(24.7)	8.7(22.4)
	30~50명 미만	34.3(61.2)	14.4(30.8)	15(26.3)	7.9(19.7)	10(20.6)	9(25.0)
	50~100명 미만	30.9(53.8)	17.7(33.9)	13.1(25.6)	8.9(20.8)	9.5(26.3)	13.5(25.4)
	100명 이상	26.2(45.3)	14.6(31.5)	21.7(34.8)	4.9(13.5)	9(21.0)	14.2(35.5)
Teen-SFC 활동	활동함	34.1(56.2)	12.4(29.3)	15.2(28.9)	8.7(18.4)	11.9(26.8)	10.7(25.6)
	활동하지 않음	31.2(54.8)	16.6(34.1)	16.8(29.6)	6.1(15.7)	10(23.2)	11.3(26.8)

※ 6순위까지만 제시함

(10) 교회에 출석하는 동기

청소년들이 교회에 출석하는 동기에 대한 복수응답으로 '나의 신앙 때문'이 74.3%로 가장 많았으며, 다음으로 '부모님 때문'(57.6%), '친구 때문'(23.3%), '특별한 이유 없음'(19.6%), '교회 담당 교역자목사님 때문'(18.5%), '교회 담당 선생님 때문'(16.6%)의 순으로 나타났다.

개인적 배경별로 살펴보면, 개인적 배경별로 큰 차이는 없는 것으로 나타났다. 청소년들이 교회에 출석하는 동기에 대한 복수응답은 [그림 3-40]과 같으며, 개인적 배경별로는 <표 3-92>와 같다.

[그림 3-40] 교회에 출석하는 동기

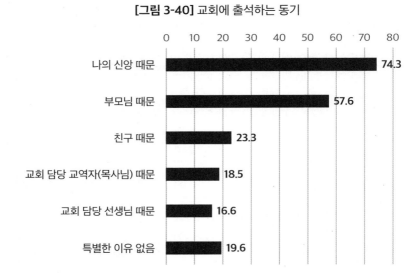

<표 3-92> 개인적 배경별 교회에 출석하는 동기

(복수응답, 단위: %)

구분		나의 신앙 때문	부모님 때문	친구 때문	교회 담당 교역자(목사님) 때문	교회 담당 선생님 때문	특별한 이유 없음
전체		74.3	57.6	23.3	18.5	16.6	19.6
성별	남자	73.8	56.1	25.2	23.2	18.7	21.4
	여자	74.9	58.9	21.5	14.1	14.6	17.8
학교 소재지	서울경기 인천	74.6	56.9	30.0	20.9	18.2	18.7
	부산울산 경남	75.1	57.2	22.3	18.6	17.1	19.8
	대구경북	77.3	61.8	19.6	16.9	14.2	21.3
	강원충청 전라제주	65.3	55.7	17.4	13.8	13.2	18.0
학교급	중학교	70.6	64.0	24.1	20.1	19.4	23.3
	고등학교	77.1	51.6	22.2	16.7	13.5	16.1
	기타 (홈스쿨링, 대안학교)	88.1	49.2	27.1	20.3	20.3	15.3
청소년부 인원	10명 미만	64.9	57.4	18.6	20.7	13.8	19.7
	10~30명 미만	74.4	58.4	21.7	16.3	14.7	18.7
	30~50명 미만	72.9	57.4	24.8	19.2	17.8	22.5
	50~100명 미만	77.4	54.1	22.9	18.0	18.0	18.0
	100명 이상	79.4	60.3	27.7	20.6	18.7	18.4
Teen- SFC 활동	활동함	78.9	54.0	24.6	20.6	17.4	19.9
	활동하지 않음	73.0	58.6	22.9	17.8	16.4	19.5

(11) 교회교육이 본인에게 미치는 영향

청소년들이 인식하는 교회교육이 본인에게 미치는 영향에 대한 복수응답으로 '교회생활에 적용이 됨'이 64.4%로 가장 많았으며, 다음으로 '신앙발전에 도움이 됨'(60.5%), '부모관계에 적용이 됨'(40.2%), '학교생활에 적용이됨'(40.1%), '교우관계에 적용이 됨'(35.9%), '진로결정에 적용이 됨'(33.2%)의 순으로 나타났다.

개인적 배경별로 살펴보면, 학교급별에서 기타홈스쿨링, 대안학교는 '신앙발전에 도움이 됨'이 가장 많은 것으로 나타났다. 그 외에는 개인적 배경별로 큰 차이가 없는 것으로 나타났다. 청소년들이 인식하는 교회교육이 본인에게 미치는 영향에 대한 복수응답은 [그림 3-41]와 같으며, 개인적 배경별로는 <표 3-93>과 같다.

[그림 3-41] 교회교육이 본인에게 미치는 영향

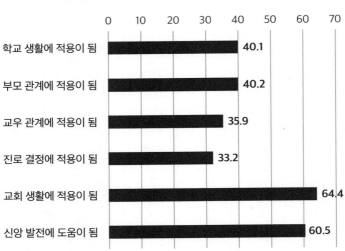

※ 6순위까지만 제시함

<표 3-93> 개인적 배경별 교회교육이 본인에게 미치는 영향

(복수응답, 단위: %)

구분		학교생활에 적용이 됨	부모관계에 적용이 됨	교우관계에 적용이 됨	진로결정에 적용이 됨	교회생활에 적용이 됨	신앙발전에 도움이 됨
전체		40.1	40.2	35.9	33.2	64.4	60.5
성별	남자	43.4	42.2	40.0	35.2	62.0	58.4
	여자	37.0	38.3	32.0	31.3	66.7	62.5
학교 소재지	서울경기 인천	38.9	38.4	36.0	32.3	67.7	59.6
	부산울산 경남	40.5	41.4	36.5	34.6	63.0	61.6
	대구경북	44.0	42.2	39.1	34.2	68.4	63.1
	강원충청 전라제주	35.3	35.3	27.5	26.3	58.7	52.7
학교급	중학교	37.2	39.6	33.3	28.3	64.0	56.7
	고등학교	43.6	40.2	38.3	37.4	64.2	63.1
	기타 (홈스쿨링, 대안학교)	32.2	49.2	39.0	44.1	72.9	78.0
청소년부 인원	10명 미만	36.2	37.8	29.3	30.3	59.0	58.0
	10~30명 미만	39.7	40.3	35.6	33.4	64.9	58.4
	30~50명 미만	38.0	37.7	35.9	30.6	62.7	58.8
	50~100명 미만	43.7	44.3	37.6	38.8	68.2	61.5
	100명 이상	42.7	40.8	39.0	32.2	65.2	67.8
Teen-SFC 활동	활동함	44.5	39.3	38.3	37.6	65.2	63.9
	활동하지 않음	38.8	40.5	35.2	31.9	64.2	59.4

※ 6순위까지만 제시함

(12) 일상생활 및 신앙생활 전반적 만족도

청소년들의 일상생활 및 신앙생활에 대한 전반적 만족도를 살펴보면, '나는 일상의 삶에 전반적으로 만족하고 있다'가 5점 척도에 3.80점으로 가장 높았고, 다음으로 '나는 교회활동에 전반적으로 만족하고 있다'(3.76점), '나는 학교생활에 전반적으로 만족하고 있다'(3.74점), '나는 신앙생활에 전반적으로 만족하고 있다'(3.61점), '나는 SFC에 전반적으로 만족하고 있다'(3.54점)로 나타났다.

[그림 3-42] 일상생활 및 신앙생활 전반적 만족도

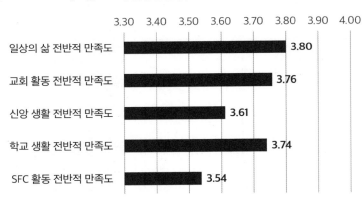

개인적 배경별로 일상생활 및 신앙생활 전반적 만족도에 대한 인식의 차이를 자세하게 파악하기 위해 성별, 학교 소재지별, 학교급별 뿐만 아니라 청소년부 인원별, Teen SFC 활동 여부별을 추가로 분석하였다.

1) 성별에 따른 일상생활 및 신앙생활 전반적 만족도 인식 차이

성별에 따른 일상생활 및 신앙생활 전반적 만족도 인식 차이를 살펴보면, '나는 신앙생활에 전반적으로 만족하고 있다'에서 남자가 여자보다 점수가 높았다. 그러나 다른 영역에서는 성별에 따라 통계적으로 유의미한 차이를 나타내지 않았다. 성별에 따른 일상생활 및 신앙생활 전반적 만족도 인식 차이는 <표 3-94>와 같다.

<표 3-94> 성별에 따른 일상생활 및 신앙생활 전반적 만족도 인식 차이

(단위: 점(5점 척도))

구분		평균	표준편차	t
나는 일상의 삶에 전반적으로 만족하고 있다	남자	3.84	.966	1.704
	여자	3.76	.926	
나는 교회활동에 전반적으로 만족하고 있다	남자	3.80	.978	1.794
	여자	3.72	.923	
나는 신앙생활에 전반적으로 만족하고 있다	남자	3.68	.988	2.917**
	여자	3.55	.971	
나는 학교생활에 전반적으로 만족하고 있다	남자	3.75	1.049	.325
	여자	3.74	.919	
나는 SFC에 전반적으로 만족하고 있다	남자	3.56	1.026	1.230
	여자	3.51	.926	

**$p<.01$

2) 학교 소재지에 따른 일상생활 및 신앙생활 전반적 만족도 인식 차이

학교 소재지에 따른 일상생활 및 신앙생활 전반적 만족도 인식 차이를 살펴보면, '나는 학교생활에 전반적으로 만족하고 있다'에서 대구·경북 지역이 가장 점수가 높았고, 서울·경기·인천지역의 점수가 가장 낮았다. 그러나 다른 영역에서는 학교 소재지에 따라 통계적으로 유의미한 차이를 나타내지 않았다. 학교 소재지에 따른 일상생활 및 신앙생활 전반적 만족도 인식 차이는 <표 3-95>와 같다.

<표 3-95> 학교 소재지에 따른 일상생활 및 신앙생활 전반적 만족도 인식 차이

(단위: 점(5점 척도))

구분		평균	표준편차	t
나는 일상의 삶에 전반적으로 만족하고 있다	서울경기인천	3.73	.931	2.003
	부산울산경남	3.79	.955	
	대구경북	3.92	.962	
	강원충청전라제주	3.86	.900	
나는 교회활동에 전반적으로 만족하고 있다	서울경기인천	3.72	.936	.286
	부산울산경남	3.77	.968	
	대구경북	3.78	.942	
	강원충청전라제주	3.78	.906	
나는 신앙생활에 전반적으로 만족하고 있다	서울경기인천	3.53	.923	1.321
	부산울산경남	3.65	1.008	
	대구경북	3.63	.983	
	강원충청전라제주	3.61	.956	
나는 학교생활에 전반적으로 만족하고 있다	서울경기인천	3.64	.996	2.924*
	부산울산경남	3.76	.984	
	대구경북	3.87	.938	
	강원충청전라제주	3.74	.995	
나는 SFC에 전반적으로 만족하고 있다	서울경기인천	3.43	.927	2.269
	부산울산경남	3.57	.997	
	대구경북	3.52	1.005	
	강원충청전라제주	3.62	.916	

*$p<.05$

3) 학교급에 따른 일상생활 및 신앙생활 전반적 만족도 인식 차이

학교급에 따른 일상생활 및 신앙생활 전반적 만족도 인식 차이를 살펴보면, '나는 신앙생활에 전반적으로 만족하고 있다'에서 중학생의 점수가 가장 높고, 기타홈스쿨링, 대안학교의 점수가 가장 낮았다. 그러나 다른 영역에서는 학교급에 따라 통계적으로 유의미한 차이를 나타내지 않았다. 학교급에 따른 일상생활 및 신앙생활 전반적 만족도 인식 차이는 <표 3-96>과 같다.

<표 3-96> 학교급에 따른 일상생활 및 신앙생활 전반적 만족도 인식 차이

(단위: 점(5점 척도))

구분		평균	표준편차	t
나는 일상의 삶에 전반적으로 만족하고 있다	중학교	3.79	.934	.328
	고등학교	3.81	.960	
	기타(홈스쿨링, 대안학교)	3.88	.930	
나는 교회활동에 전반적으로 만족하고 있다	중학교	3.80	.926	1.240
	고등학교	3.73	.976	
	기타(홈스쿨링, 대안학교)	3.69	.951	
나는 신앙생활에 전반적으로 만족하고 있다	중학교	3.68	.955	4.018*
	고등학교	3.55	1.002	
	기타(홈스쿨링, 대안학교)	3.51	1.006	
나는 학교생활에 전반적으로 만족하고 있다	중학교	3.74	.987	.850
	고등학교	3.76	.976	
	기타(홈스쿨링, 대안학교)	3.59	1.052	
나는 SFC에 전반적으로 만족하고 있다	중학교	3.57	.957	1.250
	고등학교	3.50	.995	
	기타(홈스쿨링, 대안학교)	3.54	.971	

*$p<.05$

4) 청소년부 인원에 따른 일상생활 및 신앙생활 전반적 만족도 인식 차이

청소년부 인원에 따른 일상생활 및 신앙생활 전반적 만족도 인식 차이를 살펴보면, '나는 학교생활에 전반적으로 만족하고 있다'에서 10~30명 미만과 100명 이상의 점수가 가장 높았고, 30~50명 미만의 점수가 가장 낮았다. 그러나 다른 영역에서는 청소년부 인원에 따라 통계적으로 유의미한 차이를 나타내지 않았다. 청소년부 인원에 따른 일상생활 및 신앙생활 전반적 만족도 인식 차이는 <표 3-97>과 같다.

<표 3-97> 청소년부 인원에 따른 일상생활 및 신앙생활 전반적 만족도 인식 차이

(단위: 점(5점 척도))

구분		평균	표준편차	t
나는 일상의 삶에 전반적으로 만족하고 있다	10명 미만	3.79	.918	1.035
	10~30명 미만	3.82	.955	
	30~50명 미만	3.72	.944	
	50~100명 미만	3.84	.963	
	100명 이상	3.84	.929	
나는 교회활동에 전반적으로 만족하고 있다	10명 미만	3.73	.962	1.860
	10~30명 미만	3.75	.898	
	30~50명 미만	3.69	.967	
	50~100명 미만	3.87	.966	
	100명 이상	3.81	.996	
나는 신앙생활에 전반적으로 만족하고 있다	10명 미만	3.54	.939	1.762
	10~30명 미만	3.62	.947	
	30~50명 미만	3.54	.970	
	50~100명 미만	3.70	1.020	
	100명 이상	3.67	1.042	

나는 학교생활에 전반적으로 만족하고 있다	10명 미만	3.69	.982	2.681*
	10~30명 미만	3.82	.955	
	30~50명 미만	3.64	1.001	
	50~100명 미만	3.73	1.019	
	100명 이상	3.82	.958	
나는 SFC에 전반적으로 만족하고 있다	10명 미만	3.54	.983	2.357
	10~30명 미만	3.59	.935	
	30~50명 미만	3.46	.953	
	50~100명 미만	3.62	1.004	
	100명 이상	3.43	1.040	

*$p<.05$

5) Teen SFC 활동 여부에 따른 일상생활 및 신앙생활 전반적 만족도 인식 차이

Teen SFC 활동 여부에 따른 일상생활 및 신앙생활 전반적 만족도 인식 차이를 살펴보면, '나는 SFC에 전반적으로 만족하고 있다'에서 Teen SFC 활동을 하는 청소년이 활동하지 않는 청소년에 비해 점수가 높았다. 그러나 다른 영역에서는 Teen SFC 활동 여부에 따라 통계적으로 유의미한 차이가 나타나지 않았다. Teen SFC 활동 여부에 따른 일상생활 및 신앙생활 전반적 만족도 인식 차이는 <표 3-98>과 같다.

<표 3-98> Teen SFC 활동 여부에 따른 일상생활 및 신앙생활 전반적 만족도 인식 차이

(단위: 점(5점 척도))

구분		평균	표준편차	t
나는 일상의 삶에 전반적으로 만족하고 있다	활동함	3.84	.933	1.037
	활동하지않음	3.79	.950	
나는 교회활동에 전반적으로 만족하고 있다	활동함	3.80	.957	.828
	활동하지않음	3.75	.949	
나는 신앙생활에 전반적으로 만족하고 있다	활동함	3.68	.929	1.505
	활동하지않음	3.60	.996	
나는 학교생활에 전반적으로 만족하고 있다	활동함	3.82	.932	1.673
	활동하지않음	3.72	.998	
나는 SFC에 전반적으로 만족하고 있다	활동함	3.74	.921	4.739***
	활동하지않음	3.48	.984	

***$p<.001$

(13) 신앙고백 수준

청소년들의 신앙고백 수준을 살펴보면, '나는 예수 그리스도를 믿음으로 말미암아 구원받음을 믿습니다'는 5점 척도에 4.35점으로 가장 높았고, 다음으로 '나는 하나님의 천지창조를 믿습니다'(4.33점), '나는 성경이 정확무오한 하나님 말씀임을 믿습니다'(4.22점)의 순으로 나타났다. 전반적으로 청소년들의 신앙고백 수준은 높은 것으로 나타났다.

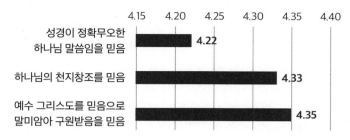

[그림 3-43] 신앙고백 수준

개인적 배경별로 신앙고백 수준의 차이를 자세하게 파악하기 위해 성별, 학교 소재지별, 학교급별 뿐만 아니라 청소년부 인원별, Teen SFC 활동 여부별을 추가로 분석하였다.

1) 성별에 따른 신앙고백 수준의 차이

성별에 따른 신앙고백 수준의 차이를 살펴보면, '나는 하나님의 천지창조를 믿습니다'와 '나는 예수 그리스도를 믿음으로 말미암아 구원받음을 믿습니다'에서 여자가 남자보다 점수가 높은 것으로 나타났다. 성별에 따른 신앙고백 수준의 차이는 <표 3-99>와 같다.

<표 3-99> 성별에 따른 신앙고백 수준의 차이

(단위: 점(5점 척도))

구분		평균	표준편차	t
나는 성경이 정확무오한 하나님 말씀임을 믿습니다	남자	4.19	.951	-1.379
	여자	4.25	.862	
나는 하나님의 천지창조를 믿습니다	남자	4.28	.969	-2.207*
	여자	4.37	.833	
나는 예수 그리스도를 믿음으로 말미암아 구원받음을 믿습니다	남자	4.30	.946	-2.201*
	여자	4.39	.844	

*$p < .05$

2) 학교 소재지에 따른 신앙고백 수준의 차이

학교 소재지에 따른 신앙고백 수준의 차이를 살펴보면, 모든 영역에서 학교 소재지에 따라 통계적으로 유의미한 차이를 나타내지 않았다. 학교 소재지에 따른 신앙고백 수준의 차이는 <표 3-100>과 같다.

<표 3-100> 학교 소재지에 따른 신앙고백 수준의 차이

(단위: 점(5점 척도))

구분		평균	표준편차	t
나는 성경이 정확무오한 하나님 말씀임을 믿습니다	서울경기인천	4.21	.856	.097
	부산울산경남	4.22	.927	
	대구경북	4.23	.881	
	강원충청전라제주	4.19	.944	
나는 하나님의 천지창조를 믿습니다	서울경기인천	4.31	.835	.346
	부산울산경남	4.32	.943	
	대구경북	4.38	.838	
	강원충청전라제주	4.33	.908	
나는 예수 그리스도를 믿음으로 말미암아 구원받음을 믿습니다	서울경기인천	4.32	.858	.613
	부산울산경남	4.35	.922	
	대구경북	4.40	.840	
	강원충청전라제주	4.30	.909	

3) 학교급에 따른 신앙고백 수준의 차이

학교급에 따른 신앙고백 수준의 차이를 살펴보면, 모든 영역에서 학교급에 따라 통계적으로 유의미한 차이를 나타내지 않았다. 학교급에 따른 신앙고백 수준의 차이는 <표 3-101>과 같다.

<표 3-101> 학교급에 따른 신앙고백 수준의 차이

(단위: 점(5점 척도))

구분		평균	표준편차	t
나는 성경이 정확무오한 하나님 말씀임을 믿습니다	중학교	4.19	.910	2.471
	고등학교	4.23	.907	
	기타(홈스쿨링, 대안학교)	4.46	.816	
나는 하나님의 천지창조를 믿습니다	중학교	4.30	.907	1.815
	고등학교	4.34	.901	
	기타(홈스쿨링, 대안학교)	4.53	.838	
나는 예수 그리스도를 믿음으로 말미암아 구원받음을 믿습니다	중학교	4.32	.902	2.220
	고등학교	4.35	.901	
	기타(홈스쿨링, 대안학교)	4.58	.675	

4) Teen SFC 활동 여부에 따른 신앙고백 수준의 차이

Teen SFC 활동 여부에 따른 신앙고백 수준의 차이를 살펴보면, 모든 영역에서 Teen SFC 활동 여부에 따라 통계적으로 유의미한 차이를 나타내지 않았다. Teen SFC 활동 여부에 따른 신앙고백 수준의 차이는 <표 3-102>와 같다.

<표 3-102> Teen SFC 활동 여부에 따른 신앙고백 수준의 차이

(단위: 점(5점 척도))

구분		평균	표준편차	t
나는 성경이 정확무오한 하나님 말씀임을 믿습니다	활동함	4.19	.886	-.790
	활동하지 않음	4.23	.912	
나는 하나님의 천지창조를 믿습니다	활동함	4.31	.913	-.369
	활동하지 않음	4.33	.899	
나는 예수 그리스도를 믿음으로 말미암아 구원받음을 믿습니다	활동함	4.34	.863	-.047
	활동하지 않음	4.35	.906	

코로나시대
청소년신앙
리·포·트

4부

코로나 시대
청소년 사역 전략

한국교회를 위한 정책 제안:
Creative Ministries 2025 for the YOU. T. H.

제4부에서는 분석결과를 바탕으로 코로나19에 따른 한국교회의 청소년사역 및 교회현장 사역을 위한 방향과 전략을 제안하고자 한다. 구체적으로 해당 사역은 "Creative Ministries 2025 for the YOU. T. H."로 구현되며, 이는 다시 총 세 가지의 영역과 하위 주제들로 구성된다. 그 내용은 다음과 같다.

[그림 4-1] Creative Ministries 2025 for the YOU. T. H.

먼저 "YOU: your church청소년사역 및 교회사역 방향"는 청소년사역 및 교회현장 사역자들이 전략을 구성함에 있어 고려해야 할 항목들을 중심으로 제시하였으며, "T: teach the faith청소년 신앙생활 지도 방향"는 청소년들을 위한 신앙생활 지도와 교육 시 고려해야 할 사항들을 제시하였다. 마지막으로 "H: healthy the life청소년 일상생활 지도 방향"는 청소년들의 일상생활 지도와 관련된 사항이 중심이 된다. 해당 사항들의 경우 구현 수준 및 단위에 있어 교단 차원, 노회 차원, 개체교회 차원, 사역자개인 차원으로 구분되며, 항목에 따라 구현 수준에

차이가 있다.[1] 구체적으로 해당 영역의 하위 주제는 다음과 같다.

<표 4-1> Creative Ministries 2025 for the YOU. T. H. 의 영역과 하위 주제들

영역	하위 주제	구현 단위			
		교단	노회	교회	개인 (사역자)
청소년 사역 및 교회 방향	청소년들의 신앙생활 만족도 개선을 위한 활동이 요청된다.			○	○
	홈스쿨링과 대안학교가 제시하는 신앙교육적 가치들을 살펴야 한다.			○	○
	청소년의 교제에 대한 갈증을 다른 교제의 장을 통해 충족시켜줄 수 있어야 한다.			○	○
	교회 규모별 특성을 고려한 신앙 활동의 전략을 구성해야 한다.	○	○	○	○
	교회와 청소년 전문 사역기관과의 연계가 필요하다.	○	○	○	○
	청소년들은 자신의 신앙에 있어 학부모의 영향력을 높게 인식하고 있음을 기억하자			○	○
	청소년들은 전도를 부담스러워하고 있어 이에 대한 개선전략이 요청된다.	○	○	○	○
	오프라인과 온라인의 조화를 추구할 수 있는 '청소년 맞춤형 사역 플랫폼' 개발이 요청된다.	○	○	○	○
	청소년들의 실제적인 삶과의 연계된 교회교육이 추구될 필요가 있다.	○	○	○	○
	청소년들의 신앙적 활동에 있어 근소한 차이지만 TEEN SFC 활동에 희망을 보다.	○	○	○	○
	수도권(서울경기인천) 지역 청소년들을 위한 우선적인 지원과 교육이 요청된다.		○	○	○

---

1. 교단-노회-개체교회-사역자(개인)에 따른 전략 구현은 이현철의 교회 정책 구현 분류 수준에 기초하여 이루어졌다. 이현철. "중소형교회 생존 및 사역을 위한 정책 제안." 제9회 서울포럼: 4차 산업혁명시대의 미래 목회 어떻게 준비할 것인가?(2020년 10월 8일).

	코로나19 속에서 청소년들은 내실있게 신앙생활이 이루어지지 못하였고, 이에 대한 개선이 시급하게 요청된다.			○	○
	청소년들의 인식 개선을 위한 한국교회 사회적 신뢰도 회복이 필요하다.	○	○	○	
청소년 신앙생활 지도 방향	코로나19의 상황 속에서 가족과의 신앙적 유대감을 더욱 강조해야 할 것이다.			○	○
	기독정체성에 대한 청소년들의 고민과 확립이 필요하다.			○	○
	교회교육은 청소년들의 신앙생활과 교회생활에 의미 있는 활동이 되고 있으며, 이를 계속하여 강조할 필요가 있다.			○	○
	'신앙생활'을 넘어 '생활신앙'의 개념을 가르쳐야 한다.			○	○
	생활 속에서 성경을 읽을 수 있도록 도움을 주어야 한다.			○	○
	고등학생들의 신앙생활 우선순위에 기도가 포함되고 있음을 주목할 필요가 있다.			○	○
	청소년들을 위한 본질적인 신앙양육에 초점을 맞추어 사역할 필요가 있다.				
	고등학생들을 위한 학교와 가정에서의 신앙 지도와 프로그램이 시급하다.	○	○	○	○
청소년 일상생활 지도 방향	청소년들의 신체·정신 건강을 돌볼 수 있는 적절한 대안이 필요하다.			○	○
	청소년들을 위한 생활 플랜(plan)이 필요하다.			○	○
	청소년들의 건강한 수면 습관을 위한 지도와 관리가 필요하다.			○	○
	청소년들을 위한 스마트기기 및 스마트폰 사용 지도가 요청된다.			○	○
	청소년들의 자기성찰 과정이 올바른 진로·직업 탐색으로 이어지도록 도와줄 필요가 있다.			○	○
	청소년들의 비대면 학교 수업에 대한 만족도를 개선시켜 줄 필요가 있다.			○	○
	중학생들을 위한 동아리 및 기타 활동에 준하는 프로그램이 제공될 필요가 있다.			○	○

1. Creative Ministries 2025 for the YOU. T. H. No.1
_"YOU: your church(청소년사역 및 교회사역 방향)"

청소년들의 신앙생활 만족도 개선을 위한 활동이 요청된다.

#코로나19_위기 #신앙생활만족도_개선 #인력충원

청소년들의 신앙고백 수준은 주요 항목에 있어 4점대 이상의 분명한 인식을 보이고 있으나, 자신들의 신앙생활에 대한 전반적인 만족도는 상대적으로 낮음을 확인할 수 있다. 이는 청소년들이 겪고 있는 코로나19와 관련된 신앙생활의 상황을 고려할 때 이해할 수 있다. 코로나19 이후 대면예배 지속의 어려움, 교회공동체 내 교제의 어려움, 기관 프로그램과 제자훈련 등 다양한 수준의 신앙 활동의 제한이 영향을 주었을 것이다.

그러므로 교회 현장의 사역자들과 청소년 관련 교사들은 청소년들의 신앙고백을 고려하여 내실있는 신앙 활동을 추구해야 하며, 점진적으로 신앙생활 만족도 개선을 위해 힘써야 할 것이다. 이를 위하여 온라인 활동을 신앙고백에 충실하게 계획하여 구성하는 것은 의미가 있을 것이며, 해당 사항을 지원하는 교사와 인력들이 보충된다면 더욱 효과적일 것이다.

홈스쿨링과 대안학교가 제시하는 신앙교육의 가치들을 살펴야 한다.

#홈스쿨링_&_대안학교 화이팅! #부모와의_소통_유대감 #기독교교육

코로나19에 따른 학교급별 신앙 변화 인식 차이를 보면, 홈스쿨링이나 대안학교의 청소년들이 공교육의 체제에 있는 친구들보다 안정적인 경향이 있음을 확인할 수 있었다. 이는 홈스쿨링과 대안학교가 가지고 있는 교육환경과 사역 방안들이 코로나19의 상황 속에서 효과가 있었음을 의미하는 것이다. 특별히 홈스쿨링과 대안학교의 중점 방향인 부모와의 소통을 통한 정서적 지지와 유대감, 기독교 교육을 기반으로 하는 교육 등이 유의미한 영향력을 미친 것으로 예상된다. 이에 교회 현장의 사역자들은 공교육에서 충분하게 다루기 어려운 부모와의 소통 및 신앙적 유대감과 같은 항목들에 집중하고, 기독교교육의 가치를 담은 부모 교육도 수행될 필요가 있을 것이다.

청소년의 교제에 대한 갈증을 다른 교제의 장을 통해 충족시켜주어야 한다.

#피할_수_없다면 #즐겨라 #온라인_예배_더하기 #온라인_교제

청소년들이 인식하는 '코로나19가 개인의 신앙생활에 미친 영향'의 가장 높은 지표는 '교회모임이 줄어들어 교제를 못해 아쉽다'였다. 실제로 청소년들은 코로나19로 인해 친구들과 함께 있는 시간이 줄어들었기에 더욱 교제와 관련된 갈증이 있을 것이다. 코로나19로 인해 비대면 모임이 진행됨에 따라 교제가 불가능해졌다고 생각할 수 있지만, 현재 교회현장에서는 다양한 방식을 활용한 교제들이 이루어지고 있다. 화상채팅을 비롯한 온라인 교제의 방식을 통해 이를 수행하고 있으며, 학생들 간의 교제에 대한 가치와 의미를 놓치지 않기 위해 노력하고 있다. 교회현장의 관심이 온라인 모임 시 수행되는 예배에만 초점을 맞추는 것이 아니라, 교제의 부분에도 관심을 가지고 온라인 교제 모임, 레크레이션, 나눔 카드를 활용한 교제, 온라인 생일파티 등의 시간을 만들어주어 교회 친구들을 만나지 못해도 신앙 안에서 함께 교제를 나누고 있음을 인식시키고 유지해주어야 할 것이다.

교회 규모별 특성을 고려한 신앙 활동의 전략을 구성해야 한다.

#교회_규모별_ 특성 #큰교회는_교제중심 #작은교회는_의미중심

코로나19의 상황 속에서 교회 규모에 따른 청소년들의 특징이 드러났다. 예를 들어, 100명 이상의 청소년부에 소속된 청소년들은 코로나19 이후 교회 모임 교제권과 관련하여 어려움을 호소하는 데 반해, 10명 미만의 청소년부에 소속된 청소년들은 오히려 교회 활동이 줄고 시간 여유가 생겨 긍정적이다는 평가를 내리고 있다. 물론 해당 사항이 개체교회가 지니고 있는 맥락의 차이에서 연유한 것일 수도 있지만, 교회 규모에 따른 특성을 고려하여 좀 더 청소년들의 상황에 맞춘 사역 전략을 세울 필요가 있음을 시사하는 대목이다. 구체적으로 청소년 사역에 있어서 큰 규모의 교회는 학생들 사이의 교제권을 중심으로 사역하는 것이 필요하면서도 동시에 교회 생활이 교제에만 머무르지 않도록 사역을 보완할 필요가 있다. 반면, 10명 미만의 교회에서는 학생들의 교회 활동에 대한 부담을 줄여주는 한편, 신앙과 관련해 의미 있는 활동들에 집중함으로써 학생들이 시간 낭비라고 생각하지 않도록 노력해야 할 것이다.

교회와 청소년 전문 사역 기관과의 연계가 필요하다.

#Teen해지길바라 #친화력업그레이드 #청소년_전문_사역기관

코로나19의 상황 속에서 청소년들의 인식을 통해 교회와 학교의 사역이 좀 더 긴밀하게 연계될 필요성을 확인할 수 있었다. 청소년들은 교회 내의 제한된 활동과 상황에 아쉬움을 느끼고 있었다. 따라서 이와 관련해 학생들의 신앙적 활동을 확장시켜야 할 필요가 있다. 여기에 해당 상황 속에서 학교 사역을 수행하고 있는 다양한 선교단체나 그룹들의 참여와 연계가 필요하다. 왜냐하면 교회가 청소년들을 위한 활동을 모두 감당할 수는 없기에 청소년 전문 사역 기관들과 연계하는 것이 의미가 있기 때문이다. 예를 들어, 교회는 청소년들이 Teen SFC 훈련에 참여하는 것을 지지함으로써 교회 내 청소년 공동체를 세워갈 수 있는 리더십을 갖추는 데 도움을 얻을 수 있으며, 나아가 Teen SFC 활동을 통해 청소년들이 신학적으로 안전한 교회 밖 그리스도인 공동체에 익숙해질 수도 있을 것이다.

청소년들은 자신의 신앙에 있어 학부모의 영향력을 높게 인식하고 있음을 기억하자.

#가장좋은_신앙교사 #학부모 #부모와_함께하는_신앙프로그램

청소년들은 신앙에 가장 큰 영향을 주는 존재로서 학부모를 가장 높게 인식하고 있었다. 이는 청소년들이 학부모의 신앙적 관심과 태도에 크게 영향을 받고 있음을 시사해주는 것이며, 나아가 학부모들이 자녀들의 신앙교육에 어떻게 접근해야 하는지를 보여주는 것이다. 개혁신앙 안에서 자녀들을 향한 신앙교육의 책임은 무엇보다 부모에게 있다. 하지만 안타깝게도 현재의 청소년 사역은 자녀의 신앙을 부모가 책임지는 것이 아니라 담당 교역자 혹은 교회학교 교사가 떠안고 있는 형국이다. 따라서 이제 청소년 사역은 학부모가 자녀들의 신앙교육에 참여할 수 있도록 인식을 전환하고, 자녀들의 신앙 성장을 위해 부모가 역할을 할 수 있도록 지원해주어야 할 것이다. 예를 들어, 학부모들이 교회교육 기관의 활동과 프로그램들을 공유할 수 있도록 제도적으로 지원할 뿐만 아니라 실제적인 참여의 장도 확보함으로써 신앙양육을 위해 함께 행보할 수 있도록 해야 할 것이다. 또한 학부모들이 신앙적인 활동을 우선순위에 둘 수 있도록 성경적인 자녀양육 프로그램을 구성하여 제공할 필요도 있을 것이다.

청소년들은 전도를 부담스러워하고 있어 이에 대한 개선전략이 요청된다.

#전도 #필요하지만 #너무_먼_그대 #이제는_사랑하리

청소년들에게 있어 전도활동은 선호되지 않는 신앙활동으로 인식되고 있었다. 남들과 다르게 행동하기 어려운 학교의 문화와 비신자들에게 비교적 부정적인 기독교의 이미지로 인해 전도가 쉽지 않음을 예상하게 되는데, 이와 관련해 개선전략이 강력하게 요청된다. 왜냐하면 복음전파와 실제적인 전도 활동은 성숙한 그리스도인으로서 구현해야 할 중요한 신앙 요소이기 때문이다. 그러므로 교회현장에서는 구체적으로 전도에 대한 교육과 프로그램을 개발하고, 이를 통해 전도에 대한 필요성을 학생들에게 인지시키고, 나아가 그들로 하여금 전도를 통해 신앙의 성장과 복음전도자로서 누리는 은혜를 느끼게 할 수 있어야 한다. 이는 청소년들의 전도 선호도에 대해 유의미한 변화를 만들어내는 데 기여할 것이다.

오프라인과 온라인의 조화를 추구할 수 있는 '청소년 맞춤형 사역 플랫폼platform' 개발이 요청된다.

#오프라인_온라인 #사역_플랫폼 #새로운_신앙교육환경

온라인 체제 속에서 청소년들의 생활패턴은 급격하게 변화하고 있다. 특히 코로나19의 상황이 이를 더욱 가속화시키고 있다. 따라서 교회의 사역은 해당하는 변화의 흐름에 탄력적으로 대응해야 할 것이며, 대면 사역을 근간으로 비대면 사역을 추가·병행해야 할 것으로 판단된다. 즉, 대면의 장점과 비대면의 장점을 모두 활용하여 신앙교육의 효과성을 담보할 수 있는 체제로 나아가야 하는 것이다. 특별히 비대면 활동의 추가는 학생들의 특성과 수준을 고려한 '맞춤형 신앙교육'의 가능성을 열어주었고, 이에 따라 학생들의 신앙 수준별로 교회 교육 콘텐츠와 주제들을 제공할 수 있게 되었다. 학생들로서는 자신들의 상황을 고려한 엄선되고 다양한 신앙 자료와 콘텐츠를 좀 더 쉽게 누릴 수 있게 된 것이다. 그러므로 사역현장에서는 오프라인과 온라인의 조화를 추구할 수 있는 사역 플랫폼을 구성하고 개발할 필요가 있다. 이와 관련하여 개체교회의 활동을 넘어 각 교단과 교육전문기관의 지원도 필요할 것으로 판단된다.

청소년들의 실제적인 삶과 연계된 교회교육이 추구될 필요가 있다.

#삶과_연계된_교회교육 #실천적_역량

청소년들은 교회교육이 자신의 신앙생활과 교회생활에는 영향을 주고 있다고 인식하고 있으나, 상대적으로 교우관계나 진로 결정 같은 삶의 영역에 대해서는 영향을 주고 있다는 인식의 수준이 낮았다. 이는 청소년들이 교회교육을 자신들의 교회생활과 신앙적인 활동에만 국한하여 인식하는 경향이 있음을 시사하는 것이다. 해당 사항은 실천적 역량을 갖춘 신앙세대를 키워야 할 교회교육이라는 영역에 큰 숙제를 던지고 있다. 즉, 교회교육은 청소년들의 실제적인 삶을 성경적인 원리와 기독교세계관에 입각하여 영위할 수 있도록 하는 데까지 나아가야 한다는 것이다. 그러므로 교회교육의 교재와 프로그램을 청소년들의 구체적인 삶과 연계될 수 있는 활동으로 구성해야 하고, 이를 위해 다양한 주제와 영역별 신앙교재, 양육 프로그램들을 개발할 필요가 있다.

청소년들의 신앙 활동에 있어 근소한 차이지만 TEEN SFC 활동에서 희망을 보다.

#살아있다 #희망을_보았다 #날아올라!

코로나19 시대의 청소년들의 신앙생활과 인식은 부정적인 방향으로 변화되었다. 그런데 그런 가운데서도 Teen SFC 활동을 하는 청소년들이 활동을 하지 않는 청소년들에 비해 신앙적인 활동에 있어 긍정적인 변화가 통계적으로 유의미하게 높다는 것에 주목할 필요가 있다. 즉, 성경 읽는 시간, 기독교 서적 읽기, 지인과 신앙과 관련된 대화하기 등과 같은 신앙적인 활동 대부분에서 유의미한 차이를 보였다. 물론 전체적인 인식에 있어서는 여전히 낮은 수준에 머물러 있음에 유념해야 하지만, 그럼에도 불구하고 이는 Teen SFC 사역이 청소년들의 신앙생활에 유의미하게 영향을 주고 있음을 보여주는 내용이다. 그러므로 앞으로의 Teen SFC 사역에 대해 보다 많은 관심과 지지가 필요하며, 안정적인 사역을 위해 무엇보다 인력과 재정 등의 실질적인 지원사격도 지속적으로 이루어져야 할 것이다.

수도권서울경기인천 지역 청소년들을 위한 우선적인 지원과 교육이 요청된다.

#수도권_청소년들아_힘내 #함께_하고_싶어

학교 소재지에 따른 코로나19로 인한 개인적 변화에 있어 권역별로 서울·경기·인천을 중심으로 한 수도권 청소년들이 타 권역별 청소년에 비하여 '혼자 있는 시간이 많아졌음'을 확인할 수 있었다. 이는 해당 권역의 청소년들이 코로나19의 상황으로 인해 혼자 있는 시간이 많아졌다고 인식하고 있음을 보여주는 것이며, 더불어 그것이 타 권역에 비해 통계적으로 유의미하게 높다는 것이다. 이와 관련하여 수도권 청소년들은 친구들과의 모임 감소, 우울감 증대, 학교 불안 등 대부분의 영역에서도 높게 나타나고 있는데, 이는 수도권 지역의 학생들이 코로나19로 인한 부정적인 인식과 생활적인 변화를 더 크게 경험하고 있음을 예상케 하는 측면으로서, 수도권 지역의 청소년들을 위한 지원과 교육이 더욱 요청된다고 할 수 있다. 그러므로 해당 학생들을 위해 혼자 있는 시간을 무료하게 보내지 않고 생산적이고 의미 있게 보낼 수 있도록 지도해야 할 것이며, 나아가 신앙 공동체적인 활동으로 치환할 수 있도록 기독교 교육적인 활동들을 구성할 필요가 있다.

코로나19 속에서 청소년들은 신앙생활이 내실있게 이루어지지 못하였고, 이에 대한 개선이 시급하게 요청된다.

#침체기 #도와주세요 #나의_손을_잡아봐

코로나19로 인해 청소년들의 신앙적 활동은 모든 항목에 있어 기능적으로 수행되지 못하였거나 부정적으로 인식되고 있었다. 구체적으로 기도하는 시간, 성경 읽는 시간, 경건 서적 읽기, 지인들과의 신앙 관련 대화 모두에서 긍정적인 변화가 없음을 보여주고 있는데, 이는 코로나19의 상황 속에서 청소년들이 처해있는 신앙생활의 형편이 그 이전보다 부정적인 차원으로 변화되었음을 시사해주는 대목이다. 특히 이러한 인식은 남학생보다 여학생들이 더 부정적이었다. 그러므로 청소년들의 신앙 전반을 회복할 수 있는 노력들이 시급히 요청된다. 그리고 이를 위해 개체교회와 청소년 사역자들은 먼저 기본적으로 청소년들의 현재 상황과 인식을 잘 숙지하고 접근해야 하며, 그런 다음 코로나19의 상황 속에서 수행할 수 있는 사역 전략과 프로그램들을 우선적으로 구성하고 고민할 필요가 있다.

청소년들의 인식 개선을 위한 한국교회의 사회 신뢰도 회복이 필요하다.

#기독교의_이미지 #한국교회 #사회_신뢰도_회복

청소년들은 교회학교가 성장하지 않는 가장 큰 요인으로 학생의 개인적 요인을 1순위로 지목하고 있지만, 그것과 함께 '기독교에 대한 부정적 인식' 또한 높은 비율로 지목하고 있음을 볼 수 있다. 즉, 오늘날 청소년들은 '기독교에 대한 부정적 인식'을 교회학교 성장을 저해하는 중요한 요인으로 인식하고 있다는 것이다. 그러므로 한국교회는 이를 상쇄할 수 있는 활동과 사회 신뢰도의 회복을 위해 시급히 노력해야만 한다. 이는 개체교회의 수준에서 감당할 수 있는 것도 있지만, 나아가 한국교회와 각 교단 차원에서 다양한 홍보 활동과 건강하고 매력적인 교회의 이미지 구축을 위해 지혜로운 전략을 구성해야 할 것이다.

2. Creative Ministries 2025 for the YOU. T. H. No.2
_"T: teach the faith(청소년 신앙생활 지도 방향)"

코로나19의 상황 속에서 가족과의 신앙 유대 형성을 더욱 강조해야 할 것이다.

#친구_bye! #가족_welcome! #신앙_유대 #가족과_함께

청소년들은 코로나19 팬데믹으로 말미암아 친구들과 보내는 시간이 줄어든 반면, 자연스럽게 가정 내에서 가족들과 접촉하는 빈도나 공유하는 물리적인 시간은 증대되었을 것이다. 실제로 이와 관련하여 '가족과의 대화가 많아졌다'에 대한 문항에서 청소년들은 보통 이상의 입장을 취하였는데, 이는 가족과의 대화가 상대적으로 증가하였음을 예상케 한다. 따라서 코로나19와 관련된 청소년들의 삶을 이해하려면 가족관계 차원의 수준으로 좀 더 유의하여 살펴보아야 할 것이다. 즉, 청소년을 이해하는 데 중요한 요소였던 가족과의 관계성을 보다 더 강조하되, 코로나19라는 변화된 환경의 맥락을 고려한 특징적인 가족관계의 요소들이 있을 수 있음에 유의해야 할 것이다.

그러므로 교회와 사역자들은 청소년들이 건강한 가족관계를 형성하고 대화를 잘 할 수 있도록 지도하는 한편, 코로나19시대 가족 구성원들과 함께 할 수 있는 다양한 신앙활동 프로그램을 제공하여 가족 내 신앙 유대감을 형성할 수 있도록 도울 필요가 있다. 예를 들어, 가족 간의 의사소통법, 가정예배 세우기, 가족과 함께하는 성경 필사 및 성경 읽기, 가족기도수첩, 가족감사일기 등이 활용될 수 있을 것이다.

기독정체성에 대한 청소년들의 고민과 확립이 필요하다.

#나는_누구? #여긴_어디? #놓치지마_골든타임

청소년들은 기독정체성과 신앙인으로서의 삶을 심도 있게 고민하고 있지 않았으며, 이는 코로나19 상황 속에서도 유사하게 나타나고 있었다. 기독정체성에 대한 관심과 고민은 자신의 삶을 성숙한 그리스도인으로서 구현하며 살아가게 하는 것과도 맞닿아 있는 부분이기 때문에 이러한 결과에 특히 주목할 필요가 있다. 청소년들은 신앙인으로서의 삶에 대한 실천 또는 신앙과 삶의 연결에 어려움이 있는 것으로 보인다. 그러므로 교회현장의 사역자들은 청소년들에게 그리스도인으로서의 삶과 기독정체성의 확립을 강조하고, 이에 관한 교육을 수행할 필요가 있다. 그리고 이를 위해서는 성경적이며 기독교세계관에 근거한 구체적인 정체성 확립을 위한 프로그램과 활동을 개발할 수 있어야 한다.

교회교육은 청소년들의 신앙생활과 교회생활에 의미 있는 활동이 되고 있으며, 이를 계속하여 강조할 필요가 있다.

#교회교육_긍정적 #잘해왔고_앞으로_더_잘하자 #청소년부교역자_교사_만세

청소년들의 교회교육 인식을 살펴보면, 교회교육이 본인에게 미치는 영향으로 1위가 '교회생활에 적용이 된다'였고, 2위가 '신앙발전에 도움이 된다'로 조사되었다. 이는 청소년들에게 교회교육이 영향을 미친다는 것을 의미하며, 이로써 교회교육의 성과와 필요성을 확인할 수 있었다. 오늘날 한국교회는 다음세대 청소년 교회교육의 효과에 대해 다소 부정적으로 평가하는 경향이 있다. 하지만 실제 조사결과에서 볼 수 있듯이, 교회교육이 청소년들에게 긍정적으로 작용한다는 유의미한 결과가 나왔다. 매주 반복되는 예배와 가르침, 교제를 통해 실행되는 청소년들에 대한 교육효과가 비록 눈에 띄진 않아도 지속적으로 성장하고 있다는 점에서 교역자나 교사들의 수고가 헛되지 않음을 확인할 수 있다. 이에 담임목사와 담당교역자, 교사들은 교회교육에 더욱 애정을 가지고 인내하며 사역해야 할 것이다.

'신앙생활'을 넘어 '생활신앙'의 개념을 가르쳐야 한다.

#생활신앙 #날마다_주님과 #워라밸 #워십_라이프_밸런스

학생신앙운동SFC이 성장하지 않는 이유 가운데 1위가 '개인적인 이유', 2위가 '선교단체에 흥미 없음'으로 나타났다. 이런 조사결과를 보건대, 지금의 청소년들은 대부분 개인 생활에만 관심이 있을 뿐, 예배와 기도회는 교회에서 하는 것으로 충분하다고 생각하고 있다고 보아도 무방할 것이다. 이는 그들의 신앙이 생활로 이어지지 않고 있음을 보여주는 것이다. 그러므로 교회는 청소년들에게 '신앙생활'을 넘어 '생활신앙'의 개념을 가르쳐야 한다. 일주일 중 주일에 한 번 교회에 나와 예배하는 사람이 아니라 생활 속에서 예배자로 살도록 교육할 필요가 있다. 이를 위해서는 학교 내에 기도모임을 만들고, 말씀을 나눌 수 있는 동역자를 찾을 수 있도록 해야 한다. 그리고 교회는 청소년들이 학교 내에서 이러한 기도모임을 만들 수 있도록 지원하고 관심을 가져야 한다.

생활 속에서 성경을 읽을 수 있도록 도움을 주어야 한다.

#성경_읽기 #매일_성경_읽고 #얼굴_보고 #하나됨은 덤

신앙생활 요구도를 보면, 청소년들은 성별, 학교 소재지별, 학교급별, 청소년부 인원별, Teen SFC활동 유무별 등에 관계없이 성경읽기가 미래에 중요한 것으로 생각하고 있었다. 하지만 이에 비해 현재 선호도의 수치가 낮기 때문에, 실제로 성경을 읽는 청소년의 숫자는 적다는 것을 확인할 수 있었다. 즉, 성경읽기의 중요성을 알고는 있지만 그것이 실천으로까지는 이어지지 않는다는 것이다. 그러므로 교회교육은 이러한 청소년들이 생활 속에서 자기주도적으로 꾸준히 성경을 읽을 수 있도록 도움을 주어야 한다. 이를 위해서는 청소년들의 삶에 밀접한 방식의 프로그램이 필요하기 때문에 그들에게 익숙한 줌ZOOM, 유튜브YOUTUBE, SNS 등을 활용하는 것이 좋겠다. 특히 이러한 방식은 시간과 공간의 제약이 거의 없기 때문에 매일 정한 시간에 함께 모여 성경을 읽는 데 매우 효과적일 수 있다. 생활 속에서 성경을 함께 읽는 훈련이 잘 정착되면, 청소년들은 서로를 격려하면서 지속적으로 성경을 읽는 데 큰 도움을 얻게 될 것이다.

고등학생들의 신앙생활 우선순위에 기도가 포함되고 있음을 주목할 필요가 있다.

#성경_읽기 #성경공부_참여하기 #기도하기 #모닥불_기도회

청소년들은 신앙생활 요구도에서 '성경 읽기, 성경공부 참여하기'를 요청하고 있었다. 흥미로운 점은 고등학생의 경우에는 중학생과 같이 '성경 읽기, 성경공부 참여하기'를 요청하고 있었으나, 여기에 추가적으로 '기도하기'를 중요하게 인식하며 요구하고 있다는 점이다. 즉, 고등학생들은 기도의 중요성을 인식하고 있으며, 나아가 보다 정련된 수준에서 기도에 관해 고민하고 있다는 것이다. 이러한 맥락을 고려할 때, 교회현장의 사역에서는 고등학생들을 위한 기도 관련 프로그램을 구성하여 적용한다면 좀 더 의미있는 고등부 사역이 수행될 수 있을 것이다. 따라서 고등학생들에게 기도에 대한 건강한 신학적 사항들을 교육하고, 실제로 기도를 실천할 수 있도록 다양한 활동들을 연계할 필요가 있다.

청소년들을 위한 본질적인 신앙양육에 초점을 맞추어 사역할 필요가 있다.

#자신의_신앙 #본질

청소년들이 교회에 출석하는 동기는 '자신의 신앙' 때문이라는 매우 본질적인 차원의 이유가 확인되었다. 물론 부모님 때문이라는 이유도 높은 비율로 나타나고 있지만, 실제로 청소년들은 그들 자신의 신앙 때문에 교회에 출석하고 있음을 확인할 수 있었다. 이러한 조사는 교회 내 청소년 사역에 있어 교육기관 담당자들과 사역자들의 기존의 생각과 달리, 청소년들에 대한 기본적인 접근 방식에서 좀 더 본질적으로 그들의 신앙에 초점을 맞출 필요가 있음을 강력하게 시사해주는 대목이다. 그러므로 교회교육은 청소년들의 신앙의 깊이와 수준에 따른 맞춤식 접근이 필요하며, 동시에 비본질적인 활동과 프로그램을 통해 청소년들의 교회출석을 요청하기보다 교회의 정체성에 부합하고, 보다 깊이있는 신앙양육에 초점을 맞추는 방향으로 사역해가야 할 것이다.

고등학생들을 위해 학교와 가정에서의 신앙 지도와 프로그램이 시급하다.

#위기의_고딩들 #일상을_공략하라

중학생들과 기타홈스쿨링, 대안학교에 비해 고등학생들의 신앙적 활동에 대한 인식이 모든 항목기도하기, 성경읽기, 기독교 서적 읽기, 신앙과 관련된 대화하기에서 수치가 가장 낮은 것으로 드러났다. 이는 고등학생들의 신앙적 상황이 코로나19 이후에 부정적인 방향으로 가장 크게 변화했음을 보여준다. 그러므로 교회와 청소년 사역자들은 고등학생들이 처한 상황과 그들의 인식을 숙지하고, 그들을 위한 신앙 지도와 프로그램을 시급히 개발해야만 한다. 이를 위해서는 무엇보다 대부분의 고등학생이 시간을 가장 많이 보내는 학교와 가정 등의 일상 공간을 공략할 필요가 있다. 그렇기 때문에 이러한 일상 공간에서 신앙 활동을 지도하는 전문 사역자가 필요할 뿐 아니라, 그 역할이 점점 더 중요해질 것으로 보인다. 그러므로 교회는 부모교육과 기독교사 양성, Teen SFC 간사 지원 등의 지원사역도 병행할 필요가 있다.

3. Creative Ministries 2025 for the YOU. T. H. No.3
_"H: healthy the life(청소년 일상생활 지도 방향)"

청소년들의 신체·정신 건강을 돌볼 수 있는 적절한 대안이 필요하다.

#신체_정신건강_적신호 #소그룹_컴온

코로나19 이후 청소년들은 신체적, 정신적 건강 상태가 코로나19 이전보다 더 나빠졌다고 인식하고 있다. 이러한 청소년들의 인식은 성별, 학교 소재지별, 학교급별 등의 집단별 구분에서도 공통적으로 나타났는데, 이는 코로나19 상황이 청소년들의 전방위적인 삶에 영향으로 미친 것으로 이해된다. 청소년들의 신체와 정신 건강이 나빠진 이유로는 코로나19 확산 방지를 위한 거리두기로 말미암아 혼자만의 시간이 많아지고, 친교모임이 줄어든 것이 큰 영향을 미친 것으로 볼 수 있다. 이러한 사실을 바탕으로 교회는 청소년들이 건강한 신체와 정신을 유지할 수 있도록 다양하고 체계적인 방식의 프로그램을 개발할 필요가 있다. 예를 들어, 청소년들을 위한 야외 공동체 활동 및 학년별·관심사별 소그룹 활동들을 개발하는 것이다.

청소년들을 위한 생활 플랜plan이 필요하다.

#청소년생활플래너 #생활정돈_학업충실_영적안정

코로나19로 인해 청소년들이 그들의 생활패턴에서 가장 어려운 점으로 인식하는 것은 '학업 소홀'과 '미디어 사용 증가', '생활의 불규칙'이다. 이러한 생활패턴의 혼란은 청소년들의 정신과 신체 건강 뿐만 아니라 영적인 건강에도 영향을 끼친다. 따라서 교회는 청소년들의 일상에 적용하도록 구체적인 생활 지침을 제공해줄 필요가 있다. 청소년들이 학업 성취감을 혼자가 아니라 함께 얻을 수 있도록 교회 안에 학습 공동체를 만들어주는 것도 좋다. 예를 들어, 학년별, 성별 등으로 커뮤니티를 형성하고, 교사가 투입되어 주중 학습 목표를 설정하며 기도제목을 나누는 것이다. 또한 교회에서 자체적으로 학습 및 신앙 경건 플래너를 제작할 수도 있다. 이 플래너에 미디어 절제 훈련이나 생활규칙 정하기를 포함시켜서 청소년들이 그들의 생활을 정돈하고 절제하여 학업에 충실하도록 도움을 줄 수 있다. 이러한 생활규칙의 안정성은 영적인 건강의 안정성으로 이어질 수 있으며, 총체적인 신앙 훈련에도 도움이 될 것이다

청소년들의 건강한 수면 습관을 위한 지도와 관리가 필요하다.

#건강한_수면챌린지 #일정한_패턴으로_수면 #딥_슬립

6시간 이상 수면의 비율이 코로나 이후 남학생은 감소한 데 반해, 여학생은 증가했다. 이에 관해서는 남학생의 경우 취미생활 등을 위해 수면 시간을 줄인 반면, 여학생의 경우에는 일상에 대한 회피로 말미암아 오히려 수면 시간이 늘어났을 것이라 조심스럽게 유추해볼 수 있다. 수면 시간은 신체·정신의 건강 및 일상생활의 안정과 관련이 있다. 또한 수면 시간은 하나의 패턴이기 때문에 신앙생활, 특히 주일 성수나 교회 모임의 참여에도 영향을 미친다. 따라서 교회는 청소년의 수면 건강을 확인하고, 그들에게 적절한 수면 시작 시간과 수면 시간을 제안할 필요가 있다. 이를 위해 목표 시간에 취침하고 기

상하는 것을 인증하는 건강한 수면 챌린지를 교회적으로 시도해볼 수도 있다. 또는 교회가 함께 정한 특정 시간에 심야 라디오 컨셉의 토크, 성경 읽어주는 ASMR 등을 제공함으로써, 청소년들이 일정한 패턴으로 함께 수면을 취할 수 있도록 방안을 제안할 수도 있겠다.

청소년들을 위한 스마트기기 및 스마트폰 사용 지도가 요청된다.

#스마트폰_사용의_위기 #부모의_노력 #바른_습관태도_필요

청소년들의 경우 코로나19 이후 일상생활에서 스마트폰을 비롯해 스마트기기의 사용 자체가 증가하였다. 비대면 온라인 수업 중심의 수행은 스마트기기의 사용이 증가하도록 이끌었으며, 이 과정에서 스마트폰의 사용도 함께 증가하였다. 스마트 기기는 그 특성상 사용과 자제의 결정권을 기기를 활용하는 주체가 결정하는데, 청소년들의 경우는 이를 능동적으로 수행하기가 쉽지 않다. 그러므로 교회와 가정은 이 상황을 심각하게 고려하여 스마트폰과 관련해 전문적인 절제 교육과 지도를 해야 할 것이다. 이를 위해서 자녀들을 위한 스마트 기기 및 스마트폰의 활용 가이드와 부모교육이 요청되는데, 이는 특히 교회 내 교육기관 및 사역자들과 연계하여 적실하게 진행되어야 한다.

청소년들의 자기성찰 과정이 올바른 진로·직업 탐색으로 이어지도록 도와줄 필요가 있다.

#직업군_탐색 #자기성찰 #진로지도

청소년들의 높은 관심사를 차지하고 있는 영역은 '진로/직업'이다. 특히 청소년들은 코로나19를 겪으며 '자기 성찰의 기회'를 얻은 것을 장점으로 인식하였다. 따라서 교회와 가정은 청소년들의 자기성찰 과정이 올바른 진로·직업 탐색으로 이어지도록 관심을 갖고 적극적으로 도와줄 필요가 있다. 이를 위해 교회교육은 먼저 직업·성격검사를 통해 청소년 자신의 관심사를 확인하는 것이 의미있을 것이다.[2] 뿐만 아니라 다양한 직업군을 소개해 줄 수 있도록 전문기관과 연계하거나 관련 학과 교수님·선배들과의 면담 및 네트워크 형성을 통해 도움을 얻을 수 있도록 해야 한다.

청소년들의 비대면 학교 수업에 대한 만족도를 개선시켜 줄 필요가 있다.

#온라인학교수업_땡 #고퀄영상선호 #성적_진로고민

코로나19는 학교수업에 큰 영향을 주었다. 매일 등교가 격주등교, 격일등교로 전환되었으며, 대면수업은 온라인 수업으로 대체되었다. 하지만 청소년들의 온라인 학교 수업에 대한 만족도는 전반적으로 부정적임을 확인할 수 있었다. 이는 갑작스러운 코로나19 상황에 따른 학교교육의 시스템 부재와 교사들의 준비 부족, 영상기술의 한계라는 현실 때문인 것으로 보인다. 사실 청소년들은 이미 인터넷상으로 높은 수준의 강의를 들어 왔기 때문에, 그들의 눈에는 이번 코로나19로 말미암은 온라인 학교교육이 미숙하게 보였을 수도 있다. 청소년들의 온라인 학교수업에 대한 불만족과 성적 및 진로에 대한 고민을 생각해 볼 때, 지금 청소년들은 심리적으로 많은 걱정과 고민을 안고 있을 것이다.

---

2. 이와 관련하여 고용노동부가 제공하는 워크넷(worknet) 사이트는 청소년 직업 및 진로 관련 다양한 검사를 무료로 제공하고 있다. 해당 검사의 경우 워크넷 회원가입 후 즉시 가능하며 검사결과는 검사 완료 직후, '검사결과 보기'를 통해 확인해 볼 수 있다. 워크넷 홈페이지: https://www.work.go.kr/

그러므로 교회는 이들의 마음을 헤아려 신앙적으로 잘 지도할 필요가 있다.

중학생들을 위한 동아리 및 기타 활동에 준하는 프로그램이 제공될 필요가 있다.

#온라인종교는_별로 #동아리활동은_좋아요 #Teen해지길바라

고등학생과 기타홈스쿨링, 대안학교에 비해 중학생들은 온라인 종교활동의 증가에는 부정적으로 응답하였고, 동아리 활동 및 기타 활동의 감소에는 다소 아쉬움을 나타내었다. 이와 관련해 교회와 사역자들은 지혜롭게 대처할 필요가 있는데, 특히 아래와 같은 Teen SFC 사역의 실제 사례에 주목하고 발전시켜갈 필요가 있다. Teen SFC는 대면이면서도 활동성 있는 프로그램, 비대면이면서도 의미 있는 프로그램을 추구하려고 노력했다. Teen SFC에서 시행한 세 가지 사례를 간단히 살펴보자면, 첫째, '길거리 기도회 道닥道닥도닥도닥', 둘째, '힘내라 시험기간!시험기간 응원 이벤트', 그리고 셋째, '틴기방기틴(Teen) 여러분 기운내요 방구석에서도 기도해요'가 있다. 먼저 '길거리 기도회 道닥道닥'은 학생들이 있는 곳으로 직접 찾아가서 공원이나 길에서 짧게 상황을 나누고 기도하고 격려하는 형식으로 진행하였고, '힘내라 시험기간!'은 등교길에 응원 간식을 전달하고 화이트보드에 서로를 향한 응원 메시지를 적도록 하여 SNS에 업로드하는 방식 등으로 진행되었다. 마지막으로 '틴기방기'는 Zoom을 이용해 보이는 라디오 형식으로 쌍방향으로 소통하며, 학생 개개인의 사연들을 나누고 즉석 인터뷰 및 사연과 관련된 찬양, 바이블 플렉스를 통한 성경 스케치, 학생 개인과 학교를 위한 구체적인 기도 등으로 진행되었다.

코로나19 시대에 따른
한국교회 청소년 사역 방안 기초조사

안녕하십니까?

본 조사는 코로나19시대를 살아가는 한국교회의 청소년들의 생활에 관한 응답을 통해 '코로나19 시대 한국교회 청소년 사역 방향' 도출을 위한 기초 조사를 수행하기 위함입니다. 귀하의 응답 내용은 연구를 위한 소중한 자료로 활용될 것입니다.

귀하의 응답 내용은 통계법 제33조에 의거하여 통계자료로만 사용되며 비밀이 보장됩니다. 귀하의 적극적인 협조와 솔직하고 정확하게 질문에 응답하여 주시길 부탁드립니다.

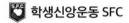

학생신앙운동 SFC

- **연구주최**: 학생신앙운동(SFC)
- **연구책임**: 이현철 박사(고신대학교 기독교교육과)
- **공동연구**: 문화랑 박사(고려신학대학원), 이원석 박사(부경대학교), 안성복 목사(SFC)
- **연구협력**: 백경태, 박건규, 손지혜, 허주은 간사(SFC)
- **문   의**: 안성복 간사(010-****-****)

※ 다음은 귀하의 개인배경에 대한 질문입니다. 귀하에게 해당되는 번호 옆 빈칸에
　✔ 표시를 해주시기 바랍니다.

1. 귀하의 성별은? __① 남자 __② 여자

2. 귀하가 다니는 학교의 소재지는?
　　__① 서울　　　__② 부산　__③ 대구　__④ 인천　__⑤ 광주
　　__⑥ 대전　　　__⑦ 울산　__⑧ 경기　__⑨ 강원　__⑩ 충북
　　__⑪ 충남(세종) __⑫ 전북　__⑬ 전남　__⑭ 경북　__⑮ 경남
　　__⑯ 제주

3. 귀하의 학교급은?
　　__① 중학교 __② 고등학교 __③ 기타(홈스쿨링 또는 대안학교 등)

4. 귀하의 학년은?
　　__① 1학년 __② 2학년 __③ 3학년 __④ 나이로 기입(5번 문항)

5. 귀하의 나이는?

6. 귀하가 교회에 출석한지는 몇 년 정도 됩니까?
　　__① 1년 미만　　　__② 1~3년 미만　　__③ 3~5년 미만
　　__④ 5~10년 미만　__⑤ 10년 이상

7. 귀하가 출석하는 교회의 전체 인원은 몇 명 정도 됩니까?
　　__① 50명 미만　　　　__② 50~150명 미만　　__③ 150~300명 미만
　　__④ 300~600명 미만 __⑤ 600~1,000명 미만 __⑥ 1000명 이상

8. 귀하가 출석하는 교회 청소년부의 인원은 몇 명 정도 됩니까?

　＿① 10명 미만　　　＿② 10~30명 미만　＿③ 30~50명 미만

　＿④ 50~100명 미만　＿⑤ 100명 이상

9. 귀하의 학생신앙운동(SFC) 활동 기간은?

　＿① 1년 미만　＿② 1~2년 미만　＿③ 2~3년 미만　＿④ 3~4년 미만

　＿⑤ 4년 이상

10. 귀하의 Teen SFC 활동여부는?

　＿① Teen SFC 활동함

　＿② Teen SFC 활동하지 않음

11. 귀하의 Teen SFC 활동 기간은?

　(10번 문항에 '① Teen SFC 활동함'에 체크한 운동원만 답변해주세요.)

　＿① 1년 미만　　　＿② 1~2년 미만　　　＿③ 2~3년 미만

　＿④ 3~4년 미만　＿⑤ 4년 이상

12. 귀하의 신력은?

　＿① 원입(새신자)　＿② 학습　＿③ 세례　＿④ 유아세례-입교

※ 다음은 코로나19와 개인생활에 관한 질문입니다. 귀하의 생각과 가장 가까운 번호 옆 빈칸에 ✔ 표시를 해주시기 바랍니다.

13. 귀하의 평소 관심사는 무엇입니까?

___① 학업/성적　　___② 진로/직업　　___③ 신앙생활

___④ 운동/건강　　___⑤ 문화활동　　___⑥ 취미활동

___⑦ SNS활동(페이스북, 인스타그램, 유튜브 등)

___⑧ 외모/뷰티　　___⑨ 이성친구

___⑩ 친구관계　　___⑪기타 (　　　　　　　　　　)

14. 귀하는 코로나19로 인해 개인적으로 어떤 변화가 있었는지 다음 각각의 항목에 응답해 주십시오.

항목	매우 그렇다	그렇다	보통 이다	그렇지 않다	전혀 그렇지 않다
1) 혼자 있는 시간이 많아졌다.	⑤	④	③	②	①
2) 가족들과 대화가 많아졌다.	⑤	④	③	②	①
3) 친구들과 모임이 줄어들었다.	⑤	④	③	②	①
4) 코로나19로 인해 우울감이 들었다 (코로나 블루 현상)	⑤	④	③	②	①
5) 코로나19로 인해 학교에 가는 게 약간은 겁난다.	⑤	④	③	②	①

15. 코로나19로 인해 어려운 점은 무엇인지 보기에서 중요한 순서대로 2가지를 골라주세요.

1순위( ) 2순위( )

<보기>
① 친구와 자주 만나지 못한다.
② 외출하기 어려워졌다.
③ 학업에 소홀해졌다(공부가 잘 되지 않는다).
④ 생활이 불규칙해졌다.
⑤ 미디어(스마트폰, TV, PC/노트북 등) 사용이 증가하였다.
⑥ 식사를 혼자 해결해야 하는 경우가 많아졌다.
⑦ 기타(   )

16. 코로나19로 인해 좋아진 점이 있다면 어떤 것이 있는지 보기에서 중요한 순서대로 2가지를 골라주세요.

1순위( ) 2순위( )

<보기>
① 만나고 싶은 친구만 만난다.
② 친구 및 가족들과 관계의 깊이가 깊어졌다.
③ 자기를 성찰할 기회가 되었다.
④ 가족과의 대화가 많아졌다.
⑤ 개인적으로 공부할 시간이 많아졌다.
⑥ 다양한 정보를 습득할 기회가 많아졌다.
⑦ 기타(   )

17~18. 코로나19 이전과 이후 본인의 평균수면 시간은 어떻게 되는지 해당되는 번호에 각각 하나씩 응답해 주십시오.

평균 수면 시간	17. 코로나19 이전	18. 코로나19 이후
4시간 미만 수면	①	①
4~5시간 미만 수면	②	②
5~6시간 미만 수면	③	③
6~7시간 미만 수면	④	④
7~8시간 미만 수면	⑤	⑤
8시간 이상 수면	⑥	⑥

19~20. 코로나19 이전과 이후 다음의 각 항목에서 사용 시간은 어떻게 되는지 해당되는 번호에 각각 하나씩 응답해 주십시오.

항목	19. 코로나19 이전				20. 코로나19 이후			
	1시간 이하	1~3 시간	4~6 시간	7시간 이상	1시간 이하	1~3 시간	4~6 시간	7시간 이상
1) 스마트폰	①	②	③	④	①	②	③	④
2) TV 시청	①	②	③	④	①	②	③	④
3) 동영상 스트리밍 (유튜브, 넷플릭스 등)	①	②	③	④	①	②	③	④
4) PC/노트북 이용 시간	①	②	③	④	①	②	③	④

21. 코로나19 이전과 이후 본인의 신체적 건강상태는 어떤지 해당되는 번호에 각각
    하나씩 응답해 주십시오.

건강상태	1) 코로나19 이전	2) 코로나19 이후
전혀 건강하지 않다	①	①
건강하지 않다	②	②
보통이다	③	③
건강하다	④	④
매우 건강하다	⑤	⑤

22. 코로나19 이전과 이후 본인의 정신적 건강상태는 어떤지 해당되는 번호에 각각
    하나씩 응답해 주십시오.

건강상태	1) 코로나19 이전	2) 코로나19 이후
전혀 건강하지 않다	①	①
건강하지 않다	②	②
보통이다	③	③
건강하다	④	④
매우 건강하다	⑤	⑤

※ 다음은 코로나19와 학교생활에 관한 질문입니다. 귀하의 생각과 가장 가까운 번호 옆 빈칸에 ✔ 표시를 해주시기 바랍니다.

23. 코로나19로 인한 다음 항목의 변화에 대해 어떻게 생각하십니까?

항목	긍정적인 변화이다	잘 모르겠다	부정적인 변화이다
1) 학교에서 온라인 강의 증가	③	②	①
2) 줌(ZOOM) 등을 통한 화상 교육 증가	③	②	①
3) 온라인 쇼핑 증가	③	②	①
4) 온라인 도서관/서점 이용 증가	③	②	①
5) 온라인 종교활동 증가	③	②	①
6) 친구 및 지인과의 모임 감소	③	②	①
7) 동아리 활동 및 기타 활동 감소	③	②	①

24. 귀하는 올해 1학기 중 등교 이후 학교에 얼마나 자주 갔습니까?
___① 일주일에 5일 ___② 일주일에 4일 ___③ 일주일에 3일
___④ 일주일에 1일 또는 2일 ___⑤ 한 번도 가지 않음
___⑥ 격주마다 ___⑦ 3주마다 ___⑧ 기타(홈스쿨링, 대안학교 등)

25. 온라인 수업에 대해 귀하는 전체적으로 어떻게 평가하십니까?

항목	매우 그렇다	그렇다	보통이다	그렇지 않다	전혀 그렇지 않다
1) 선생님은 수업 준비를 잘하시는 것 같다.	⑤	④	③	②	①
2) 선생님은 교실수업보다 설명을 더 잘 해주신다.	⑤	④	③	②	①
3) 교실수업보다 집중이 잘 된다.	⑤	④	③	②	①
4) 교실수업보다 학습효과가 더 있다.	⑤	④	③	②	①
5) 전체적으로 온라인 수업에 만족한다.	⑤	④	③	②	①

※ 다음은 코로나19와 신앙생활에 관한 질문입니다. 귀하의 생각과 가장 가까운 번호 옆 빈칸에 ✔ 표시를 해주시기 바랍니다.

26. 귀하는 코로나19로 인해 신앙적으로 어떤 변화가 있었는지 다음 각각의 항목에 응답해 주십시오.

항목	매우 그렇다	그렇다	보통 이다	그렇지 않다	전혀 그렇지 않다
1) 기도하는 시간이 늘어났다.	⑤	④	③	②	①
2) 성경 읽는 시간이 늘어났다.	⑤	④	③	②	①
3) 기독교 서적 읽기가 늘어났다.	⑤	④	③	②	①
4) 친구나 가족과 신앙과 관련된 이야기가 늘어났다.	⑤	④	③	②	①

27. 귀하는 교회예배를 온라인으로 하는 것에 대해 어떻게 생각하십니까?
___① 절대 해서는 안 된다고 생각한다.
___② 어쩔 수 없는 경우에는 할 수도 있다고 생각한다.
___③ 평상시에도 할 수 있다고 생각한다.
___④ 잘 모르겠다.

28~29. 귀하는 다음 항목의 교회모임을 하는 온라인으로 하는 것에 어떻게 생각하십니까? 그리고 온라인으로 모임을 한다면 참여의향은 어떠신가요?

항목	28. 가능성			29. 참여의향	
	충분히 가능하다	잘 모르겠다	가능하지 않을 것 같다	참여 하겠다	참여하지 않겠다
1) 청소년부 온라인 예배	③	②	①	②	①
2) 청소년부 온라인 성경공부	③	②	①	②	①
3) 청소년부 온라인 소모임 (성경공부 외 다양한 모임)	③	②	①	②	①
4) 청소년부 온라인 제자훈련	③	②	①	②	①

30. 코로나19가 개인의 신앙생활에 어떤 영향을 미쳤는지 다음 각각의 항목에 대해 응답해 주십시오.

항목	매우 그렇다	그렇다	보통 이다	그렇지 않다	전혀 그렇지 않다
1) 감염 위험성 때문에 교회 가기가 부담스럽다.	⑤	④	③	②	①
2) 교회모임이 줄어들어 교제를 못해 아쉽다.	⑤	④	③	②	①
3) 주일날 교회 친구들끼리 교회 밖에서 자유롭게 교제할 수 있어 더 좋다.	⑤	④	③	②	①
4) 코로나 이전보다 온라인을 통해 기독교 콘텐츠를 더 많이 접하게 되었다.	⑤	④	③	②	①
5) 기독교인으로서 정체성을 고민하게 되었다.	⑤	④	③	②	①
6) 주일날 교회활동이 줄어들어 시간적인 여유가 있어서 좋았다.	⑤	④	③	②	①

31~32. 다음의 제시된 신앙생활에 대해 귀하가 생각하는 현재 선호도와 미래 중요도를 해당 번호에 응답해주시기 바랍니다(반드시 양쪽 모두에 응답).

※ 현재 선호도는 '내가 현재 좋아하며 자주하는 것'이고 미래 중요도는 '현재 좋아하거나 자주하지 않더라도 미래에는 중요하다고 생각하는 것'입니다.

<⑤ 매우 높다 ④ 조금 높다 ③ 보통이다 ② 조금 낮다 ① 매우 낮다>

31. 현재 선호도					신앙생활	32. 미래 중요도				
⑤	④	③	②	①	1) (오프라인 대면) 예배 참여하기	⑤	④	③	②	①
⑤	④	③	②	①	2) (온라인 비대면) 예배 참여하기	⑤	④	③	②	①
⑤	④	③	②	①	3) (온라인 비대면) 신앙양육 프로그램	⑤	④	③	②	①
⑤	④	③	②	①	4) (온라인 비대면) 신앙공동체 활동	⑤	④	③	②	①
⑤	④	③	②	①	5) (온라인 비대면) 신앙 상담활동	⑤	④	③	②	①

⑤	④	③	②	①	6) 기도하기	⑤	④	③	②	①
⑤	④	③	②	①	7) 성경읽기	⑤	④	③	②	①
⑤	④	③	②	①	8) 성경공부 참여하기	⑤	④	③	②	①
⑤	④	③	②	①	9) 기독서적 읽기	⑤	④	③	②	①
⑤	④	③	②	①	10) 교회 외 종교모임 참여하기	⑤	④	③	②	①
⑤	④	③	②	①	11) 전도활동하기	⑤	④	③	②	①

33. (복수응답) 귀하의 신앙교육에 가장 큰 영향을 미치는 사람은 누구라고 생각하십니까? 아래의 보기에서 찾아 우선순위에 따라 적어주세요.

1순위(   ) 2순위(   )

<보기>
① 담임목사 ② 담당 교역자 ③ 교사 ④ 학부모 ⑤ 학생자신 ⑥ 친구
⑦ 간사(신앙단체) ⑧ 교회 성도

34. (복수응답) 교회학교가 성장하지 않는 가장 큰 요인은 무엇이라고 생각하십니까? 아래의 보기에서 찾아 우선순위에 따라 적어주세요.

1순위(   ) 2순위(   )

<보기>
① 담임목사의 리더십 부족 ② 담임목사의 목회철학의 부재
③ 교역자의 전문성 부족 ④ 교사의 낮은 헌신도 ⑤ 학생의 개인적 요인
⑥ 교회학교 프로그램의 흥미 없음 ⑦ 기독교에 대한 부정적 인식
⑧ 출산율의 저하 ⑨ 부모의 관심부족 ⑩ 전도하지 않음 ⑪ 재정의 부족
⑫ 교회의 교회학교(중·고등부)에 대한 관심부족

35. (복수응답) 학생신앙운동(SFC)이 성장하지 않는 가장 큰 요인은 무엇이라고 생각하십니까? 아래의 보기에서 찾아 우선순위에 따라 적어주세요.

1순위(   ) 2순위(   )

<보기>
① 선교단체의 철학의 부재 ② 재정의 부족 ③ 간사의 전문성 부족
④ 간사의 낮은 헌신도 ⑤ 학생의 개인적 요인 ⑥ 선교단체 프로그램의 흥미 없음
⑦ 기독교에 대한 부정적 인식 ⑧ 학교와의 연계 부족 ⑨ 교회의 관심부족
⑩ 전도하지 않음

36. (복수응답) 교회에 출석하는 동기는 무엇입니까? 자신의 생각을 표현하는 문항을 모두 표시해 주십시오.
___① 나의 신앙 때문이다.
___② 부모님 때문이다.
___③ 친구 때문이다.
___④ 교회 담당 교역자(목사님) 때문이다.
___⑤ 교회 담당 선생님 때문이다.
___⑥ 특별한 이유가 없다.

37. (복수응답) 현재 교회교육은 나에게 어떠한 영향을 주고 있는가? 자신의 생각을 표현하는 문항을 모두 표시해 주십시오.
___① 나의 학교생활에 적용이 된다.
___② 나의 부모관계에 적용이 된다.
___③ 나의 교우관계에 적용이 된다.
___④ 나의 진로결정에 적용이 된다.
___⑤ 나의 교회생활에 적용이 된다.
___⑥ 나의 신앙발전에 도움이 된다.

___⑦ 가정교육과 연계가 되고 있다.

___⑧ 부모님과 논의가 되어 진행된다.

___⑨ 큰 영향력을 느끼지 않고 있다.

38. 다음 각각의 항목에 대해 응답해 주십시오.

항목	매우 그렇다	그렇다	보통 이다	그렇지 않다	전혀 그렇지 않다
1) 나는 일상의 삶에 전반적으로 만족하고 있다.	⑤	④	③	②	①
2) 나는 교회활동에 전반적으로 만족하고 있다.	⑤	④	③	②	①
3) 나는 신앙생활에 전반적으로 만족하고 있다.	⑤	④	③	②	①
4) 나는 학교생활에 전반적으로 만족하고 있다.	⑤	④	③	②	①
5) 나는 SFC에 전반적으로 만족하고 있다.	⑤	④	③	②	①

39. 다음 각각의 항목에 대해 응답해 주십시오.

항목	매우 그렇다	그렇다	보통 이다	그렇지 않다	전혀 그렇지 않다
1) 나는 성경이 정확무오한 하나님 말씀임을 믿습니다.	⑤	④	③	②	①
2) 나는 하나님의 천지창조를 믿습니다.	⑤	④	③	②	①
3) 나는 예수 그리스도를 믿음으로 말미암아 구원받음을 믿습니다.	⑤	④	③	②	①

♣ 설문에 응답해주셔서 대단히 감사합니다 ♣

표 & 그림 목록

표 목록

그림 목록

「코로나19에 따른 한국교회 청소년 사역방안」
RAW 데이터 공개

■ 데이터 공개

「코로나19에 따른 한국교회 청소년 사역방안」 기초조사는 코로나 시대의 한국교회 청소년의 신앙생활과 의식을 체계적으로 분석할 수 있는 대표적인 기초통계자료가 될 것입니다. 더불어 한국교회의 청소년에 대한 사역과 정책 수립에도 널리 활용될 것입니다. 학생신앙운동SFC은 「코로나19에 따른 한국교회 청소년 사역방안」 기초조사 데이터를 한국교회의 목회자 및 연구자들에게 공개함으로써 좀 더 많은 이들이 활용하고 적용할 수 있도록 지원하기로 하였습니다. 공개되는 데이터를 통해서 목회자들과 연구자들은 창의적으로 자료를 분석하고 활용할 수 있을 것이며, 다양한 수준의 결과물로 재생산할 수 있을 것입니다. 이는 한국교회의 다음세대를 세우는 귀한 사역에 큰 도움이 될 것을 확신합니다. 여러분들의 적극적인 관심과 이용을 부탁드립니다.

■ 데이터 수령 방법

데이터는 아래의 절차를 통해서 수령하실 수 있습니다.

- **절차:** 학생신앙운동(SFC) 교회사역부 데이터 이메일 신청 → 신청서 작성 및 제출 →
   학생신앙운동(SFC) 교회사역부 계획서 심사 → 데이터 제공
- **이메일 신청:** 안성복 간사 homerun999@hanmail.net

■ 데이터 출처 표기 방법

데이터 활용 시 자료의 출처를 아래와 같이 표기 및 인용 바랍니다.

- 학생신앙운동(SFC)의 「코로나19에 따른 한국교회 청소년 사역방안 기초조사」 데이터
- 이현철, 문화랑, 이원석, 안성복. 『코로나 시대 청소년 신앙 리포트』. 서울: SFC, 2021.